ちくま新書

サブリミナル・インパクト

——情動と潜在認知の現代

下條信輔
Shimojo Shinsuke

757

サブリミナル・インパクト——情動と潜在認知の現代

【目次】

きかける危険／エピソードの力、登場人物の力／大統領選の心理／潜在記憶は消せない／抵抗できない／情動に訴えるのは悪いことか／マスメディアの『潜在的な』威力／政治、権力を語るには、情動が欠かせない／情動は個体以前のリアリティ／ホッブスとスピノザ／ファシズムと9・11、脱イデオロギー／快適という名の制御／抵抗は不可能か／マクドの賢い客／まとめ

第5章
創造性と「暗黙知の海」

潜在性の「海」／危険なテーマ／ありがちなアプローチ／無視されがちな問い／独創性とは何か／メノンのパラドクスと、心のモデル／それとわかる／「早すぎた天才」とそれにまつわる誤解？／知は透明ではない／第二のモデルと前意識／前意識はインターフェースである／再認とは何か／再認＝「前意識の知」の指標／オリジナリティはどこに存在するか／「変化盲」現象／知の周辺と中核／周辺／夢、辺境、後ノけ／オセロのアナロジー／情動の役割／暗黙知の中身／創造性は訓練できるか／天性の才

序章

心が先か身体が先か

――情動と潜在認知

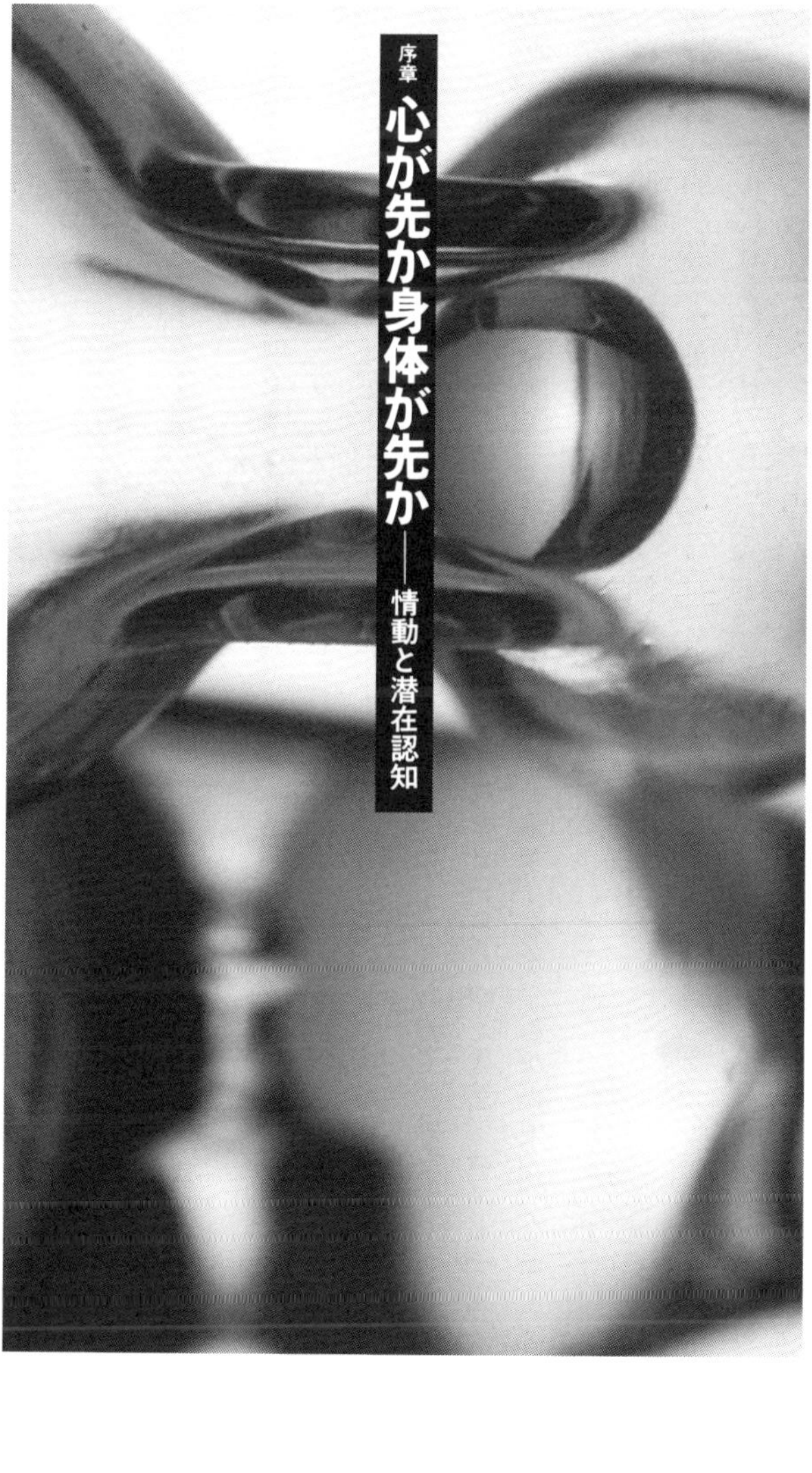

情動と潜在認知をキーワードに、身辺の日常と現代社会を見直す。これがこの本のプランです。

本人も与《あずか》り知らない無意識の認知メカニズムの存在が、ヒトの本性を規定するとともに、現代社会に特有の諸現象にも深くかげを落としている。この本全体を通して、このことを明らかにしていくつもりです。

「現代社会に特有の諸現象」と言いましたが、中でも音楽やビデオ、TVゲームなどの視聴覚文化に潜む「感覚そのものの快」に、まず注目したいと思います。またそれに関連して、あらゆる意味での刺激の過剰が、現代文明を特徴づけていることを指摘します。

しかしよく見ると、刺激や選択肢が単に過剰なのではなく、きわめて巧妙なかたちで私たちの選択を誘導し制御していることにも気づかされます。それゆえ当然、マスメディアを通じた大衆誘導や世論操作、欲望の活性化とコマーシャリズムなどが、中心的なテーマとなってきます。これは一方で国内政治や国際問題、戦争にまで連なる「情動の政治」ともいうべき問題を提起します。それと同時に、想像力と自由という新しい問題領域で、認知神経科学的な思索を触発するのです。

こうして現代社会は、私たちの意識下にある情動系、認知系に直接トリガーをかけ続けます。それに応じて私たちの身体はまったく新しい生物学的、社会学的斜面を転がり始めたように見えてなりません。ただそのような未曾有の局面に対応し得る新しい創造性も——皮肉なことに、または当然のことに——同じ潜在的な知の領域からやってくるにちがいない。そのように結論するつもりです。

この本の以下の章では、だいたいこのような手順で現代社会に切り込んでいきたいと思います。がそのためにまず、情動や潜在認知というキーワードで私が意味しようとすることを、できるだけ具体的に鮮明に、イメージしてもらわなくてはなりません。というのもその共通認識が、以下の章での分析を共有するための土台となるからです。

†からだが裏切る

まずは、身近なところからいきましょう。

からだが裏切る、という言い方があります。

減量中で、甘いものは食べないと堅く誓ったのに、目の前にケーキがあって友人がおいしそうに食べていると、自分も思わず一口食べてしまう。ちょっと一口のつもりが、会話が弾むうちに、気がついたら全部たいらげていた。こんな例は女性ならたいてい経験しているはずで、私も甘党なので覚えがないこともありません。これなどはまあ、「からだが裏切った」と表現しておかしくない例と言えるでしょう。

それにしても、他人に裏切られるならわかるのですが、自分でコントロールしているはずの自分のからだなのだから、それに自ら裏切られるというのは妙といえば妙です。自分の中にコントロールできない他人がいる感じ、とでもいいましょうか。意志が弱い、と言えばそれまでですが、では意志が何に対して弱いのか。ここに最初のヒントがあります。からだが裏切る感じがあるのは、他にどんな場合が考えられるでしょうか。高層ビルの屋上に立ったりジェットコースターなどに乗ると、理屈では安全とわかっていてもからだは竦《すく》み、鳥肌が立つ、ということが起きます。逆にこれが起きなければスリルもないわけで、誰もお金を払ってジェットコースターに乗らないでしょう。

もっと生々しい例はどろどろの恋愛沙汰で、別れたいのにからだが裏切る、ということがよくあるそうです（残念ながらこちらの分野は詳しくないので、これ以上説明できないのですが）。

以上の例は、おもに身体的な情動が理性的判断を裏切る例、と言えると思います。「情動」という耳慣れないことばを使ってしまいましたが、「感情」という日常のことばに近い意味です。ただし専門的には、感情の主観経験をもたらす神経過程や身体生理反応などを含めて情動系と呼ぶことが多いので、「身体的な情動」とわざわざ断ったのです。

ところで、こんな例はどうでしょう。今日は帰宅途中にクリーニング屋に寄って行かなくてはならない。もう何度も忘れて、今日忘れると明日着ていくシャツがないから。ところが運転し馴れた（歩き馴れた）道で、ついよそ事を考えているうちにまた忘れて、はるかに通り過ぎてから気がついた。似たことを私もしょっちゅう経験しています。こういう場合に「からだが裏切る」というのはちょっと大げさかもしれませんが、あながち誤った表現とも言えないでしょう。この場合のからだとは、習慣とか記憶に近い意味です。

これに類する例でもっと適切なのは、野球のバッティングでしょうか。たとえば速球とスローカーヴしか球種のない投手がいて、初球から四球続けてスローカーヴを投げたとします。カウントは二ストライク、二ボール。さすがに次は、速い直球がストライクゾーンに来る公算が大きい（捕手が裏の裏をかく策士タイプなら別ですが）。バッターがそう判断し構えていたら、案の定ど真ん中に速球がきた。ところがスローカーヴに馴れた目が球の速さについていかず、振り遅れの三振。

こういうとき野球解説者は「からだが裏切った」とは言わないまでも、「頭ではわかっていたのに、からだがついていかなかった」などと表現します。そしてなぜか、皆納得するわけです。この例と先のクリーニング屋の例に共通しているのは、習慣化した行動やからだの馴れが、理性的判断を裏切ったことです。

†習うより馴れろ

スポーツや技芸ではよく「習うより馴れろ」と言います。これもほぼ同じことを、修練のための教訓として述べているように思います。

ここ二、三回のオリンピックを観ていて、日本人も変わったものだ、と思いました。私の幼時の記憶にある東京やメキシコの大会では、日本の有力選手は期待の大きさからくるプレッシャーに押し潰され、あるいは気負い過ぎて自滅していったものです。これに対して今の若い選手たちは、自分自身の目標のためにのびのびとやっているように見えます。

練習は言うまでもなく本番に備えて行うものですが、本番で力を発揮するにはどのような練習をすればいいのでしょう。そう考えたとき、私がかつて教えを受けたことのある、著名なボクシング・コーチの言葉を思い出しました。「練習は本番のつもりで、本番は練習のつもりでやれ」。当時はピンと来なかったこの言葉の含蓄に、心理学や認知神経科学を専攻するようになってようやく思い当たったのです。

話が少し飛びますが、心理学の有名な研究で、ゴキブリを使ったなかなかユーモアのある実験があります。ゴキブリに走路を走らせる課題ですが、単純な直線路とT字路を含む

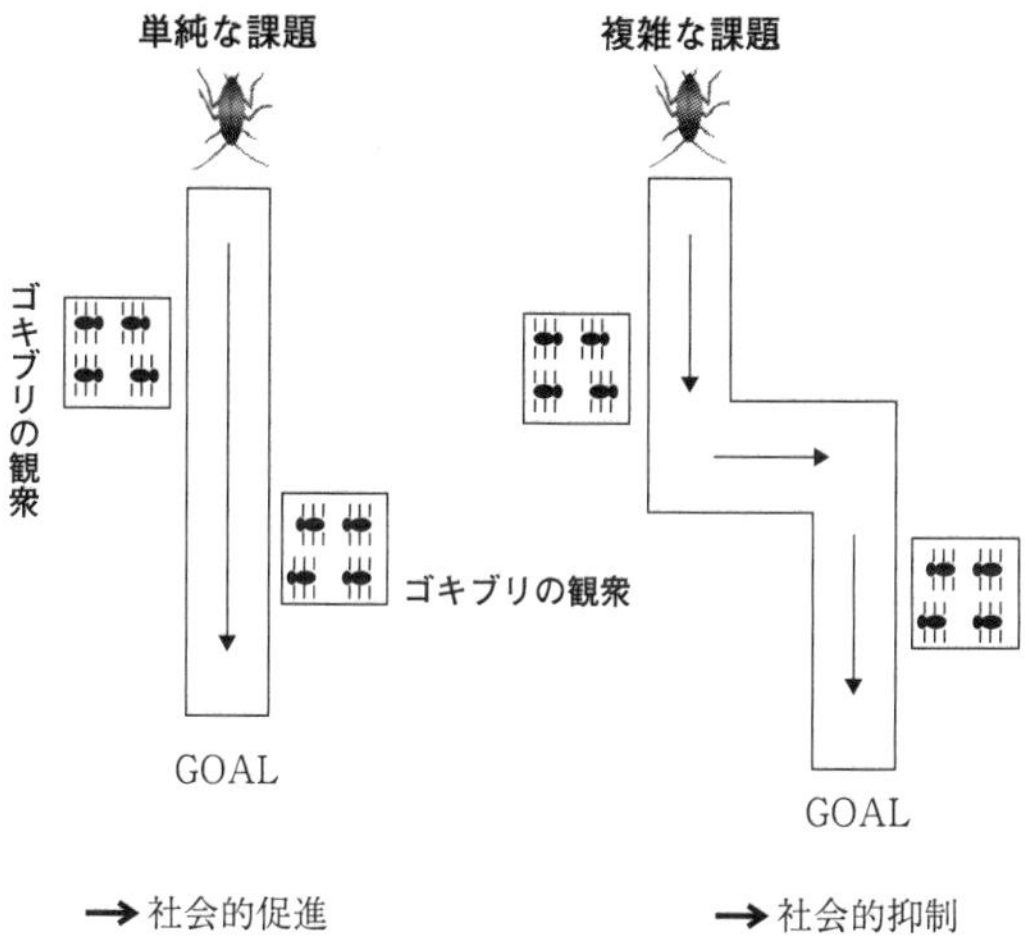

図1　ゴキブリの迷路課題

複雑なものの二種類あり、また周囲に仲間のゴキブリの「観客」がいる条件と、単独で観客なしの条件とがあります（図1参照）。

結果はちょっと複雑なので、順を追って説明します。まずひとりで走るよりは仲間と一緒に走る方が速い。また直線走路では、観客あり条件の方が所要タイムが短かったのです。これはすぐに想像できる結果です。観客がたくさんいて、ゴキブリの選手も興奮したのでしょう。ところが複雑な走路では、観客あり条件で逆に成績が悪かったというのです。

この実験を行った社会心理学者ザイアンスによれば、これも予測された結果だということでした。動物にはそれぞれ

「優位反応」というものがあり、その反応は社会的要因などで興奮が高まれば出やすくなる。社会的促進ともいいます。まさしく情動的な効果です。ゴキブリでいえば「まっしぐらに走ること」が優位反応で、直線走路では有利に作用します。これに対してT字路では、角を曲がりきれずに壁にぶつかったりひっくり返ったりして、逆効果になるというわけです。

　ゴキブリの優位反応は生得的なものですが、より学習能力の高いヒトのスポーツ選手の場合、それは練習で培うことができると考えられます。格闘技でも球技でも、基本中の基本の技や動作をくり返し練習させます。「考えなくてもできるようになるまで練習しろ」とか「習うより馴れろ」と指導者が口を酸《す》っぱくするのも、そうした基本の技を優位反応とするためと解釈できるのです。そうすれば本番の大舞台で声援を受けて興奮が高まるほど、その技がスムーズに出るというわけです。

　新しい運動技能（感覚・運動協応）を学ぶときの神経活動からも、この考えが裏づけられます。おおまかにいうと、まずはじめは手足の動きを意識して細かく制御するために、前頭葉が感覚野、運動野、連合野などに盛んに信号を送ります。しかし十分に習熟して、刺激に対する動きがスムーズに適応的になるに従って、小脳に活動が移行することがわかっています。これが「考えなくてもできるようになる」状態に対応すると考えられます。

「考えなくてもできるようになる」とは、とりも直さず、潜在的な感覚運動ループに組み込まれた状態と言っていいのです。小脳は、従来は単なる運動の中枢と考えられていたのですが、より新しい知見によればそうではなくて、複雑な感覚運動学習に重要な役割を果たす領域だと考えられています。

練習と本番の問題はまた、気持ちの問題でもあります。基本技術だけではなく、道具や服装、観衆など舞台装置としても、本番になるべく近づけて練習しておいた方が、本番で競技に有利な技＝優位反応が出やすいということも言えるでしょう。基本の動きが反復と習熟によって皮質下、特に小脳あたりに感覚運動ループとして固定される。それが本番の適切なトリガー刺激（たとえば観客の存在による興奮）によって解発されるというシナリオが、理想的なのです。

本番でアガるな、と言われてもアガってしまうのは無理もないことです。しかしアガることがマイナスにならないようにする。逆にアガることで反射的にすばらしい動きができるようにすることは可能です。練習の一打一投を本番に近い条件で、また本番のつもりで集中して行うことは、努力次第でできるでしょうから。「練習は本番のつもりで」というのはまさにそういうことです。一方「本番は練習のつもりで」というのは、あまり考えすぎないで、培った潜在的な感覚運動ループに身を任せよ、ということだと思います。

からだの技能にも、心の潜在的な面、とりわけ情動に関わる面が大きな影響力を持つのです。

さて、ここまでを読んで、なんだ当たり前じゃないか、と思った読者も多いのではないでしょうか。日常の行動のかなりの部分が無意識の仕組みに担われていることは、わりに受け入れやすいのです。運動技能もその延長上で理解できます。だが、記憶や知覚をはじめとする認知の働きも皆同じだ、と言ったらどうでしょう。さらに自由な意思による選択にも無意識が関与している、となったら。にわかには意味が摑《つか》めないかも知れません。

それらをこの章の後半で例証していくつもりです。

†潜在記憶

これまでの例ほど当たり前ではないですが、一般的に了解していただけそうなのは、記憶の潜在的（無自覚的）な働きでしょう。

たとえば、今まで数度しか訪ねたことがない場所への道順を言葉で言えと言われると、たちまちしどろもどろになるのに、実際に自分が車を運転したり、徒歩でその場所に向かいはじめると、不思議にもすらすらとからだが（ハンドルが）動く。こういう経験は誰にでもあるはずです。

また、いきなり遠い昔の中学校の同級生の顔や名前を思い出せと言われると、急にはできない。でも、顔や名前をふたつペアで並べて出され「どちらが本当に同級生だった人か」と問われれば、相当高い確率で正解できるものです。あるいはまた、「この名前の中から、どれでもよいからひとつ選べ」といわれて（同級生の名とは気づかずに）なんとなく選んでいるとか。その同級生に対する記憶が「潜在的には」あったということになります。

実際こうしたテストは、アルツハイマーなどの記憶障害者に対してよく用いられます。そしてこのような方法ではじめて存在が明らかになる潜在記憶は、自覚でき報告できる顕在記憶に比べて、はるかに頑健で壊れにくいこともわかっています。側頭葉の海馬と呼ばれる部位に損傷を受けた重篤な記憶障害の患者で、チェスのルールや自転車の乗り方を学んだ事実をすっかり忘れている場合でも、いざ試すとすらすらとできることがあります。

人間の記憶の大部分は、むしろ潜在的であると考えた方がいいのです（潜在記憶については第5章でまたふれます。また関連する知見を、拙著『サブリミナル・マインド』〈中公新書〉でまとめてありますので、御参照ください）。

†知識を裏切る知覚

知覚や認知は、こうした「潜在的な」現象の宝庫です。

最近私が手がけたサイエンスミュージアムでも、面白い経験をしました（静岡科学館「る・く・る」）。

ヴァーチャルリアリティの展示で、実際は平らな床なのに、ヘッドマウントディスプレー（HMD）を頭に着けて歩くと、絶壁沿いの細道から細い橋を渡るように見える。橋に差し掛かると、本当に足が竦んで歩けなくなってしまいます。無理に動こうとすると全身が強ばり、汗ばむ感覚すらあります。HMDをいったん外して、平らな床を確認した後でも、再び装着するとやはり同じことが起こるのが面白いところです。

この例は先に挙げたジェットコースターや高層ビルの例と似ています。が、裏切られる「知識」がより直接的で、それ自体知覚によって納得している（HMDを外せば、平らな床が見える）。それにもかかわらず裏切られるというところが、より劇的です。

私たちが研究している知覚のイリュージョンでも、「正しい」知識があってもイリュージョンが消えたり弱まったりしない事例は、豊富にあります（拙著『視覚の冒険』〈産業図書〉で詳しく解説しました）。

†不透明で分散した自己

つまり、ここまでの事例をまとめて言うと、人のからだと心は知識だけによって支配されてはいない。意識に昇る前に、そして理性的な判断が働く前に、からだの生理や記憶が反応してしまうということです。

少し専門的には、脳とからだの回路がモジュール（機能単子）化しており、お互いに独立で部分的にしか連絡していない、という言い方もできましょう。言い替えれば、大脳皮質の高次レベル（たとえば連合野や前頭葉）の認知機能とは無縁のところで（つまり低次レベルや皮質下で）、さまざまな身体の適応機能が働いているのです。ここで、大脳皮質高次レベルの働きは意識レベルで自覚されやすく、低次や皮質下の働きは自覚されにくいことに注意して下さい。

解離性同一性障害（多重人格）や左脳と右脳が分割された症例など、ひとりの中に矛盾する複数の人格があるようにみえるケースは結構あります。これらは少し飛躍しすぎの例かも知れませんが、人格とは、普段人々が考えているほどには、統一され首尾一貫したものではないらしいのです。

日常生活の中でも「本当は何をしたいのか、自分でもわからなくなる」ようなことが、案外よくあるでしょう。人から裏切られたり、理解しがたい行動に出くわすと「あの人の本心はなんなのか」という言い方をします。また逆に切羽つまった状況での行動を見て「あの人の本音がわかった」などとも言います。しかし滅多に起きない状況での行動をもって本音、と判断させるものは何なのか、考えてみれば不思議です。

人格が完全に統一され、すみずみまで自己制御が効くという考えは、近代西欧の人間観の中核でしたが、今挙げてきたような豊富な事例をつぶさに見ると、この人間観そのものがイリュージョンに近いのではないかと思えてきます。

さらに半歩だけ話を進めると、理性と理性を裏切るからだとを比べたとき、どうも後者の方が根が深く、また前者（＝理性）に先立っているのではないでしょうか。動物や乳幼児のふるまいを見ても、そう思われることが多いのです。

結局、本当の叡智とは無意識のからだと意識の心のバランスをとり、つながりを深めることなのかも知れません。だがその話は最終章までお預けとさせてもらうことにします。

†悲しいから泣くのか、泣くから悲しいのか

人は悲しいから泣くのでしょうか、それとも泣くから悲しいのでしょうか。

もちろん悲しいとわかっているから泣くのだ、という人がほとんどでしょう。しかし心理学者、生理学者たちは、むしろ泣くから悲しく感じるのだ、少なくともそちら方向の影響が大きい、と主張してきました。心理学史上有名な、ジェームズ＝ランゲ説というのが、まさにそれです（ジェームズはプラグマティズムでも有名な心理学者のW・ジェームズ、C・

G・ランゲは同時代の生理学者です）。
「泣くから悲しく感じるのだ」というこの説は、一見直感に反するように見えるかも知れません。しかし実際に情動を「体験」する場面を考えると、案外そうでもないのです。「からだが理性に先立つ」実例を冒頭でいくつかあげましたが、それらともつながる話です。

たとえば山道で突然クマに出っくわしたとき、人はどうするか。まず状況を自覚し、冷静に分析し、自分は怖いのだと結論してからおもむろに逃げる人がいるでしょうか。足が反射的に動いて山道を駆け下り、人里に辿り着いて一息ついてから恐怖が込み上げて来る、という方が普通なのではないでしょうか。あるいは逆に、理屈では「逃げなくては」とわかっているのに、足が凍りついたように動かないとか。火事や列車、飛行機などの事故に巻き込まれた被害者も、同様でしょう。

ジェームズ-ランゲ説によれば、このような身体的反応が先にあり、その情報が大脳皮質に送られることによってはじめて怖さが自覚されます。ただしこの考えでは、もともとの身体的反応そのものの仕組みや、大脳皮質以外の、たとえば辺縁系など情動に関わると見られる脳内機構の働きが無視されています。そこでそういう欠点を補い、視床という辺縁系の一部の働きを重視した修正案として、キャノン-バード説が唱えられています。

ところで、同じ「泣く」にもいろいろあって、悲しいのではなくて感動して涙が止まらないというケースもあります。この場合にも「人前で涙を見せるなんて恥ずかしい」と思っても、涙は止まりません。止めようとしても止まらないという表現がしっくりくるところに注目したいのです。からだの反射が先立つという情動の特徴がよく表れています。

少し違う例ですが、人が人を好きになるときにも「気がついたらもう好きになっていた」ということがむしろ多いのではないでしょうか。理屈や分析が先に立ったり、時々刻々自分の感情を完全にモニターできていたりするのは、どうも本当の恋愛ではない気がします。

これらの例に共通しているのは、身体の情動反応が先にあり、それが原因になってメンタルな感情経験もまた自覚されるという順序です。強い感情経験ほど、このような経緯が当てはまるようです。

「身体の情動反応が感情に先立つ」という話の順序が逆に見えるのは、身体の情動反応が無自覚的（不随意的という術語をあてることもあります）であることが多く、気づきにくいからです。つまり、状況に対する身体の情動反応（全身がこわばる、熱くなる、脈拍が上がる、涙腺がゆるむ、など）は実際先に生じる。しかしそうだとしても、当の本人がはっきり自覚される意識内容としては、「怖い」という感情がまず最初であることが多い。そこで、それが身体反応や行為の原因だと思いたくなるわけです。

†視線と選好

このような文脈で、たとえば「人は好きだからそれを見るか、それとも見るから余計に好きになるのか」という問いを立てることができます。カリフォルニア工科大学（カルテック）の私の研究グループでは、そうした問題意識で、数年前から情動と選好の身体／神経メカニズムの研究を進めて来ました。

この問いに答えるためにまず、コンピュータの画面上に顔をふたつ並べて出します。実験の参加者（観察者）には「よく見比べて、どちらがより魅力的か判断して下さい、決めたらためらわず、直《ただ》ちに左右どちらかのボタンを押して答えて下さい」と教示しました。その間の観察者の眼球運動を測り、ボタンを押すまでにそれぞれの顔に視線がどのように配分されるかを調べたのです。次ページの図2に、実際に使った顔ペアの例を示します。

この実験を最初に企画したとき、私がクラウディウ・シミオン博士（当時カルテック生物学部の大学院生）に問いかけた問題は、次のようなものでした。「こちらの顔がより好き」と本人が自覚するよりも先に、眼球運動のパターンの中にそれを予測できる何かがあるのではないか。（先に述べたような）ジェームズ－ランゲ説をはじめとする身心関係に関

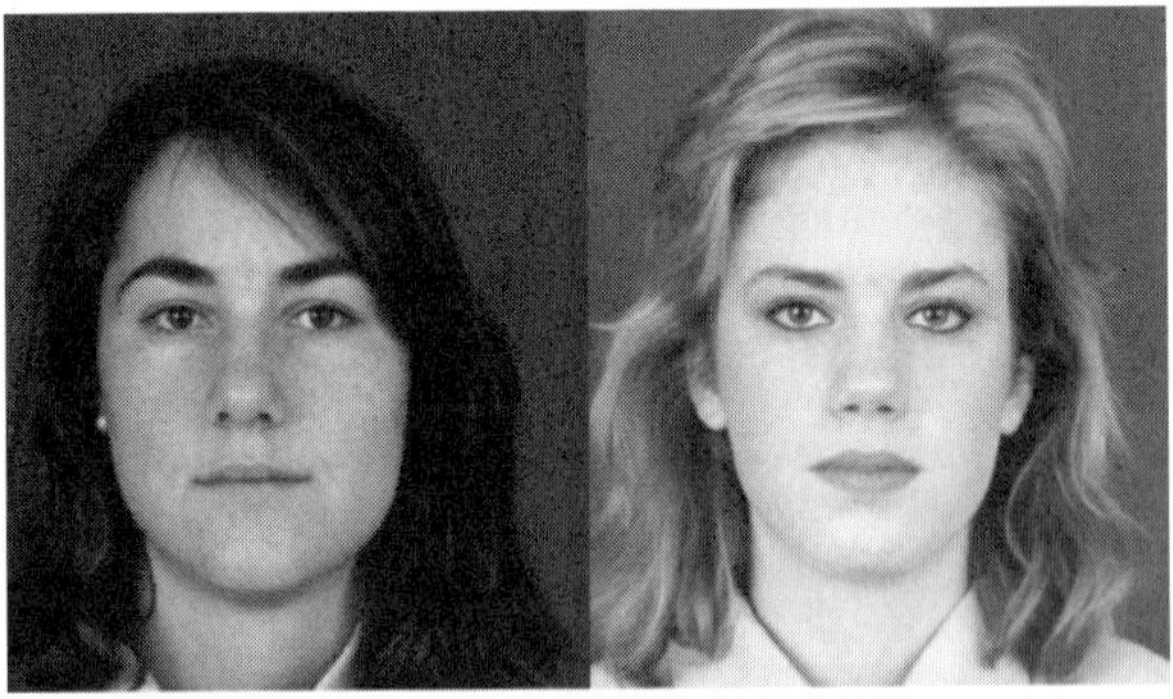

図２　選好注視実験に使った顔ペア

する知見や、眼球運動が半ば不随意的な、すばやい定位反応であることを考えれば、そういう何かがない方が、むしろ不思議ではないか、と。

「定位反応」というのがまた聞き慣れない言葉かも知れません。ミミズのようなごく低次の動物でも、光や重力、においや化学物質に対して、そちらに向かう、あるいは避けようとする強い傾向性を示します。人やサルの新生児乳児が示す視線による対象の選択（選好注視）も、大きくはそれに類する反応です。感覚刺激に対して選択し行動する反応と考えられるわけで、それらを総称して「定位反応」と呼ぶのです。

定位反応はこのように最初から行動レベルで「好き嫌い」の次元で動いているわけです。だとすれば、人の眼球運動の中に好き嫌いを予言する情報が含まれているというのは当然予測され得る話です。これまでにそれを示唆するはっきりした知見がないのがむしろ不思議、とも思えたのです。

さて、先の実験に戻りましょう。私の最初の予測では、たとえば平均注視時間がちがうとか、最初に注視した方の顔を最終的に選ぶというあたりが、一番ありそうだと考えていました。しかし結果はこれらの予測を裏切り、また眼球運動の他の考えられるどんな側面も、最終的な選好判断との相関を示しませんでした。

最初の半年ぐらいははかばかしい成果もなく、おおいに失望していたところ、ある日クラウディウが明るい表情で私のオフィスにやってきました。今までと実験のやり方を変え、分析法も変えたら急に明確な結果が得られた、というのです。

この実験では、観察者は判断を下すまで自由にふたつの顔を見比べるので、当然判断までにかかる時間は試行ごとに大きく変わります（一秒から一〇秒ぐらいまで）。これまではこのばらつきを無視し、顔の呈示開始の時間を起点にして、各時点での視線の方向（最終的に選ぶ方を見ているか、選ばない方を見ているか）を平均化していました。そこで思いついて、逆に反応（ボタン押し）の時点を終点として時間軸上を遡る形で視線の方向を見たところ、明確な傾向が見られたというのです。

私も蒙をひらかれる思いがしましたが、彼が示す解析グラフを見て、さらに欣喜雀躍しました。ボタンを押す一秒ぐらい前から視線の向き方が少しずつ偏りはじめ、片方の顔を

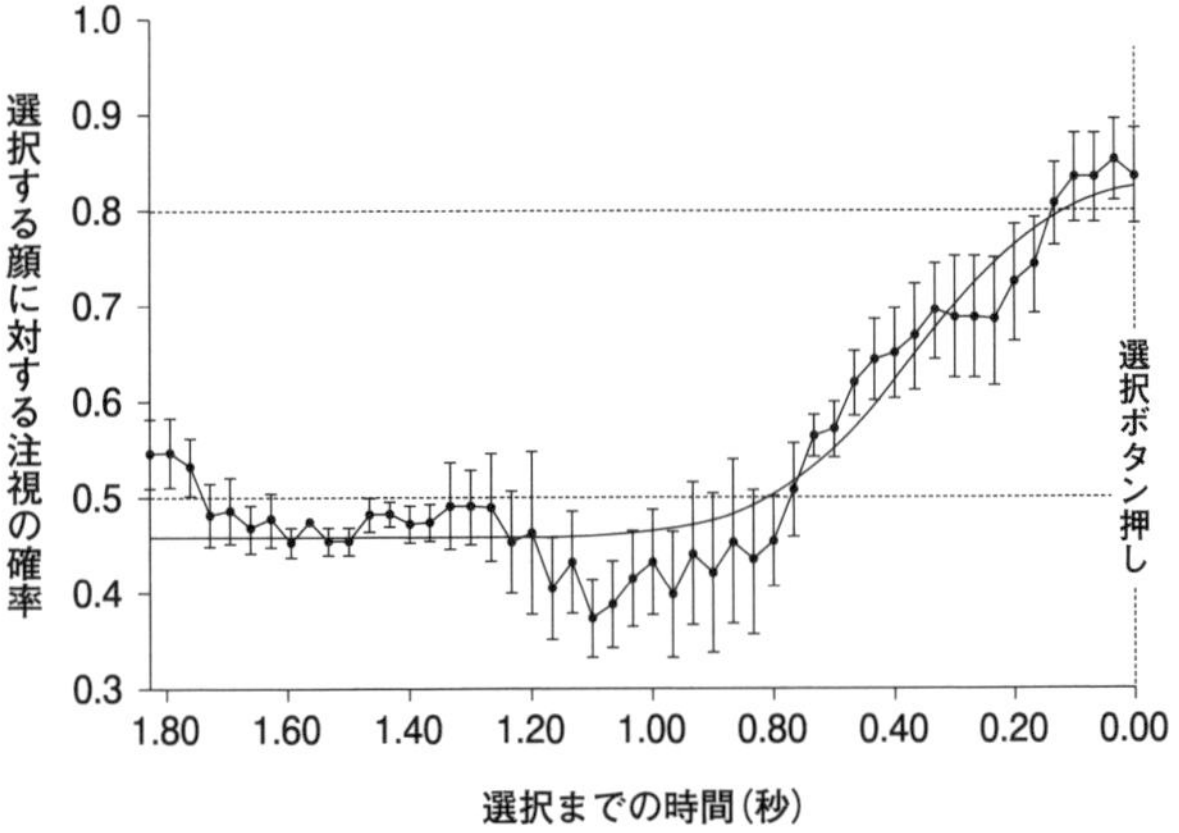

図3　視線のカスケード現象

見ている平均確率がほぼ八〇パーセント以上に増大した時点で、ボタンを押している。つまりそちらの顔をより魅力的と判断し反応していることがわかったのです（図3参照）。視線という定位反応が、ちょうど雪崩現象のような連鎖反応と偏りを起こすという意味で、この現象を「視線のカスケード現象」と名付けました。

†行動が先立つ

ここまでの話を聞いただけで、ただちにいくつもの疑問を感じた読者もいることでしょう。この発見の意義を説明する前に、そういう鋭い読者のために、コントロール実験やその後のフォロー実験の結果を簡単にまとめておきたいと思います。

まず第一に、「カスケード現象」と呼び得るようなはっきりした視線の偏りは、選好課題においてだけ見られ、たとえば「より丸顔の方を選べ」というような客観判断の（情動的に中立な）課題では見られませんでした。また、「より魅力的でない方を選べ」という逆の課題でも、大きな視線の偏りは生じない（逆方向への偏りも生じない）ことがわかりました。このあたりは複雑になるので詳述しませんが、どうも視線の定位反応は、「好き」という感情や判断とだけ本質的に結びついているらしいのです。

第二に、はじめの実験ではペアにするふたつの顔の魅力度を、あらかじめ（予備評価の結果を参考にして）だいたい揃えておきました。見比べて多少は考えないと答えが出せないような、難しい選好判断になるように仕組んであったのです。ところが、なるべく魅力的な顔とそうでない顔の極端同士をペアにした後の実験でも、（多少は弱まったものの依然として）視線のカスケード現象が見られました。つまり一目で明らかなはずの選好判断でも、カスケード現象は見られたのです。

また、同じ観察者に同じ顔ペアを使って、まったく同じ手続きで実験を繰り返してみたこともあります。それでも視線のカスケード現象はほとんど変わらず見られました。観察者は自分の過去の選好判断を覚えていて、ほとんどの試行ではそれを再現しただけと思われたのですが、それでも視線の偏りは消えなかったのです。この結果をはじめとして、考

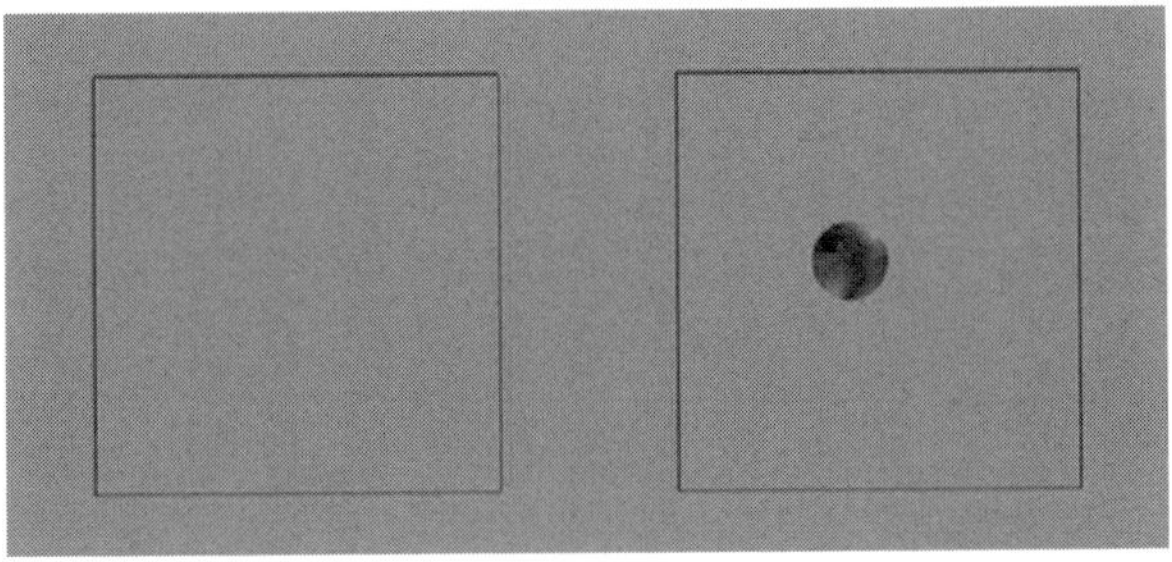

図4　「覗き窓」実験のディスプレー。窓は視線の動きに応じて動いた。

えられるどんな条件を試しても、観察者が自発的に自由観察をして選好判断をする限りは、カスケード現象は必然的に起きてしまうのです。

視線の中心近辺のわずかの部分だけを窓のようにして与え、それ以外の部分は灰色の遮蔽面で隠してしまう、という条件でも実験しました（図4参照）。この場合でも顔は依然として左右にふたつ並んで隠れているのですが、観察者はそれぞれの目鼻口や輪郭のあたりに忙しく視線を動かして、顔の全体像を頭の中で再構築してから、好き嫌いを判断しなければならないはずです。

その結果、判断までの時間は大幅に延びました。しかしこの場合には、最終判断（反応）より実に七秒ほども前から視線の偏りがスタートし、九〇パーセント以上にまで偏ってから反応がなされたのです。この実験はもともと、顔の全体像が視覚的に一気に与えられていることが、カスケード効果に必要か否かを知る目的のものでしたが、その答えはノーでした。ただそれよりも重要なのは、まだ視線を動かして感覚レベルのサンプリング＝情報収集をしている段階から、すでに最終的な選好に向かう偏りがはじまっている事実です。脳機能とは、知覚と行動の間をはじめから行き来しながら、意識レベルの感情や判断を準備するダイナミックな過程であることを認めないわけにはいきません。

さらに、この視線カスケード現象は、顔でなくとも、他の視覚対象の選好判断でも起こることを付言しておきましょう。たとえば、無意味な幾何学図形の選好では、より強いカスケード現象が起きました。これらの幾何学図形は実験のために新たに作られたもので、誰も見た経験がないという点で顔とは根本的に違うのに、それでも同じ結果が起きたことが重要です。つまり視線のカスケード現象は、過去の視覚経験に依存しません。また宝石や腕時計など商品の写真を見比べてより魅力的な方を選ぶ課題でも、同じような視線の偏りが見られました。

ついでに言えば、目隠しをして織物の手触りで気に入った方を選ぶ課題ですら、似た現象（最終的に選ぶ方を、徐々に長く触る傾向）が見られました。だから視線のカスケードは眼だけに特別なのではなく、広く注意による探索や定位に共通であることがわかります。

最後に、ふたつの選択肢間での選択だと、どうしても観察者に与えられた「自由度」が少ない、だから実生活にはなんの関係もない人工的な結果だ、という批判があり得ます。

これに応えるために、画面上にふたつではなく四つ（六つ）の顔（品物）を呈示して、もっとも魅力的なものを選ばせる課題にしてみました。それでも依然として、視線のカスケード現象が見られました。

以上のように、「自覚的な選好判断に先立って視線が選ぶ方に偏る」という視線のカスケード現象は、きわめて頑健で一般性があり、ただし選好だけと内在的にリンクした現象であることがはっきりしてきたのです。

†他人の好みを操作する？

こうした一連の結果には、少なくともふたつの解釈が成り立ちます。

観察者は、じつは無意識のうちにすでに一方の顔を選んでおり、それをさらに確認する証拠を探しているのではないか、視線の偏りはその証拠探しを反映しているに過ぎないのではないか。これがひとつの解釈です。

もうひとつの解釈は、視線をはじめとする定位反応は、意識レベルの選好判断になくてはならない前駆過程である、という考え方です。

このふたつのうちの前の方の仮説、つまり「証拠探し」説には、はじめから少し無理があります。というのも課題はもともと、どちらが「より」魅力的かという相対的なものだからです。だから仮に「内定」した判断を支持する証拠探しだとしても、依然として両方を見比べなければならない、片側だけを見ても十分な証拠は得られない、と考えられるからです。

その上本人も自覚しない「内的な」判断だとすると、それが厳密に「いつ」なされたのか、客観的な証拠で確かめる術がそもそもありません。確かめる方法のないものの存在を主張して何になる、という反批判も可能です。とはいえ、直感的にありそうな仮説であることも事実です。

一方、後の方の「なくてはならない前駆過程」説からは、ただちにひとつの大胆な予測を導くことができます。つまり、「人の視線の定位反応を適切に操作することで、その人の選好判断まで操作することができるはずだ」という予測です。これは相当に強い特殊な予測で、もしこれが本当なら「不可欠の前駆過程」説を支持する強力な証拠となりそうです。というのも「証拠探し」説では、そのような選好の操作は非常に説明しにくいからです。その意味で、このふたつの仮説の白黒をつける決定打ともなりそうです。

私たちはそのような「好みの操作実験」も試みていて、部分的ながら成功を収めています。実験ではまず、もともとの魅力度がおおよそ同じぐらいのふたつの顔が画面の左右に呈示されます。ここまでは元の実験と同じですが、大きく違うのはふたつの顔が同時に現れることはなく、交互にしかも異なる長さで（一方は〇・九秒、他方は〇・三秒）呈示されたことです。この交互呈示を何度かくり返し、観察者はそれを視線でフォローするように教示されていました。最後にふたつの顔が同時に短時間呈示され、観察者はより魅力的な方の顔を選ぶ判断を求められました。

その結果、二回の反復では効果はなく、より長く（短く）注視した方の顔を選ぶ確率は五〇パーセントほどでした、しかし六回、および一二回の反復呈示後の選好判断では、ともに六〇パーセント近い確率で、より長く注視された方の顔が選ばれたのです。どちらの顔をより長く呈示（注視）する方に割り振るかは、観察者間でランダムにしてありました。だからこの結果は、もともとの魅力度の差のせいではありません。一〇パーセント分だけ、観察者の好みを操作できたと解釈できます。

別の実験では、もともとの魅力度の差を非常に大きくして、同じ操作手続きを加えました。その結果、最大で一五パーセントの試行で選好を逆転することができました。視線の偏りの効果は強いのです。

ところで、単純接触（経験）効果と呼ばれる効果が、文献上知られています。単純に経験した回数が多いほど、好感度が機械的に上昇するという効果です。同じコマーシャルがくり返しテレビで流されたり、選挙のポスターがあちこちに貼られたり、宣伝カーが候補者名を連呼したりするのは、その効果的な応用と見ることができます。反復処理による促進が、いわば情動的に色づけられる、と考えられています。そこでこの実験結果も、そのヴァリエーションとして解釈できるのではないか（つまり、示したい視線の偏りの効果とは違うのではないか）という危惧が、当然ありました。

しかし、顔の呈示順序や時間などの手続きをまったく同じにして、視線の動きのみを禁止する条件では、選好判断の偏りは消えてしまいました。単純接触効果が効いているとすれば、このような条件でも呈示時間の偏りの効果は見られるはずです。つまりこのコントロール実験の結果は、自発的に目を動かして対象を注視すること（すなわち定位反応をすること）そのものが、選好の偏りの原因になっていることを意味しているのです。

また単純接触効果と視線の偏りの効果とは、必ずしも相矛盾する関係ではありません。視線が一方に多く向かえば、当然その対象を視野の中心でより深く処理することになります。その結果、単純接触効果に類する促進が神経経路に生じます。そうした促進はひるがえって、ますますその対象に注意と視線を向ける結果となるでしょう。このように実際には、視線の動きと視覚情報処理が連鎖反応を起こして、選好を形成すると考えられるのです。

†当事者は因果関係を自覚していない

選好判断に関する二種類の実験をやや詳しく紹介してきました。ひとつは、顔をふたつ同時に呈示して選好判断を求め、その間の視線の偏りを計測した実験、もうひとつは、交互呈示して目で追いかけさせ、選好判断に影響を与える実験でした。この二つの実験から、意識的な選好判断に先立って無意識の視線の偏りが生じていること、逆に視線を操作することで人々の好みをある程度操作できることがわかりました。

面白いのは、このどちらの実験においても、観察者には自覚がまったくと言っていいほどなかった点です。たとえば最初の実験であれば、まず視線が片方の顔に偏ったということとそのものに対して、明確な自覚を持っていた観察者はごく少数でした。またそのような視線の偏りに気づいていた観察者でさえ、それが最終的な選好判断になんらかの影響を持っていたかを問われると、例外なく強く否定したのです。

視線の操作実験についても同じでした。まず視線（呈示時間）の偏りに気がつかないことが多いのです。また仮に気づいていても、それが自分の判断に因果的影響を及ぼした可能性については、異口同音に否定したのです。視線の偏りと自覚的な選好判断との関係はあくまでも「潜在的」だということになります。

ここで得られた知見と、先に述べた「人は悲しいから泣くのか、泣くから悲しいのか」という問題との類似性は明らかでしょう。人はあるものが好きだからそれを見る、という側面もむろんあるでしょうが、見るからますます好きになるのです。このふたつの因果関係の経路は、ちょうどポジティヴ・フィードバックの関係にあって、互いに促進し合います。そしてそれがある閾値《いきち》（限界の値）を超えたときに、好きという意識的な感情や判断が芽生えるのでしょう。

†定位反応と「好き嫌い」の進化

視線の動きと「より好き」という選好判断との間に、これほどまでに強い特別な関係があるのはなぜでしょう。定位反応の進化と発達を考えれば、むしろ当然だと私は思います。まず前にもふれたように、どんなに単純な動物でも、たいていはなんらかの感覚刺激に対して、接近／回避の反応を示します。これが定位反応の起源です。当然ながら「接近したい」ということが「好き」の進化的、行動的な起源なのです。

他方で、視線を合わせて「目で語り合う」ことで親密度を増すスタイルのコミュニケーションは、ヒトという種に独特のものです。猛獣やサルなどでは、むしろ目を合わせることは威嚇や敵意の表現である場合が多いのです。ヒトに特有のこうした目によるコミュニケーションが進化する過程では、視線のカスケード現象に見られるからだと心の相互作用が、おおいに役立っただろうと想像することができます。

実際、人は他人の視線の方向や動きをすばらしい感度で検出する能力を持っています。乳児でさえ、おとなの視線の方向を敏感に感知して自分の注意をそちらに振り向けます。「共同注意」と呼ばれる現象です。そのような知覚能力が飛び抜けて進化したのはどうしてでしょうか。相手の視線が、相手の心の中の状態、たとえば自分への関心や好意などについて有力な手がかりを与えるから、と考えるのが自然です。「目は口ほどにものを言い」「目は心の窓」というわけです。

だが「有力な手がかり」「アテになる手がかり」だという保証は、どこにあるのか。相手の目の動きを敏感に読み取っても、それが相手の心の動きを反映していないなら、何の役にも立ちません。私たちの「視線のカスケード現象」が、まさにその保証を与えているとは考えられないでしょうか。「好きになる」ために定位反応が欠かせないとすれば、外から見える定位反応が「好き」のインディケーターになるのは当然でしょう。目による心の表現を知覚している、という言い方の方が適切かも知れません。

こうして、私たちはある進化のシナリオを想像することができます。つまりこういうことです。相手の視線に敏感な者ばかりが、周囲にいるとします。するとその中で親密にコミュニケートし、自分の意志を的確に伝えることが、生存、繁殖に有利となるはずです。目や顔、からだを使ってよりよく心を表現できる者に、子孫をより多く残すチャンスが与えられるでしょう。

また逆に、目を使った表現に長《た》けた者ばかりが周囲にいると仮定してみましょう。すると相手の視線をより敏感に知覚できる能力が繁殖に有利となり、そうした知覚能力の遺伝的基盤が世代ごとに拡大再生産されたとしても、不思議ではありません。

こうして視線による表現と、視線に対する敏感性とが互いに（ダーウィンの言う）自然淘汰の圧力となって、他の種にはないヒト独自の「目で語る」社会行動の進化をもたらしたと考えられるのです。このような双方向の進化の過程を「共進化」と呼びます。

こうした経過は、ヒト個人の認知発達の過程にも反映されています。新生児の頃からすでに、好ましい対象を自ら探して注視する行動（選好注視現象）が見られること。また生後半年目ぐらいから他人の視線の方向を敏感に察知しその方向にあるものを探索しようとすることは、決して偶然ではないのです。

以上は仮説というより私の野放図な想像に過ぎませんが、その割にはすべてが見事に符合していると思います。

†進化の乗っ取りとランナウェイ

この共進化のシナリオは確かに魅力的だが、まだおかしい点がある、と指摘する人がいるかも知れません。このような社会的交流、非言語的コミュニケーションが進化のポイントだとすれば、視線のカスケード現象は人の顔だけに限られるはずだ。しかし実際には、無意味な幾何学図形、宝石や腕時計などの商品でも、強い視線のカスケード現象が見られたというではないか、と。

これはもっともな疑問です。実際私も最初は、視線のカスケードは顔だけに限られるはずだと予測したぐらいです。

先にも述べた通り、定位反応そのものの進化的歴史は非常に古く、ほとんど動物の歴史と共にあります。これに対してヒトの社会的コミュニケーションの進化の歴史は、ごく新しいのです。そこで視線のカスケード現象の起源を人の社会的コミュニケーションに求める考えは、この点でも不利なように見えます。

しかし進化の長い歴史の中では、しばしば「機能の乗っ取り」が起きることがあります。たとえば鳥の祖先が恐竜から分かれたとき、その羽毛は本来は空を飛ぶ目的のためではなく、保温のためだった。ところが途中からその羽毛の存在を前提に変異が起こり、ダチョウのように翼を動かしながら地上を疾走する種が現れた。そこからやがて空中を滑空できる種が現れた。……これが現在信じられている鳥類進化のシナリオです。保温という本来の機能が、飛翔という機能に「ハイジャックされた」例と考えられます。

これは特に例外的なケースというわけではなく、実は生物の進化の歴史とは、このような機能の乗っ取りに満ち満ちたものらしいのです。また、一度、一定の方向に進化が進み始めると、坂道を転がる雪だるまのように加速します。そして特定の機能を獲得して安定するまで変わり続けます。進化の「ランナウェイ」として知られる現象です。現在の鳥類の見事な飛翔は、そうした乗っ取りとランナウェイの究極の結晶なのかも知れません。

これを参考にすると、視線のカスケード現象、あるいは視線を介したコミュニケーション一般についても、次のようなシナリオを描けそうです。

まず私たちの祖先がごく原初的な動物だった時代から、定位反応は基本的な適応行動としてあった。それは生存に必要なものを「好んで」獲得し、逆に危険をもたらすものを「嫌って」回避するという意味で、生物学的行動的意義を有していた。

やがてヒトの直系の祖先である霊長類では、その社会集団の拡大に伴って集団内コミュニケーションの必要と価値が高まった。また、新皮質の感覚モダリティ（視覚、聴覚、運動に伴う感覚など）間統合が、最終的には言語機能を準備した。それと並行して、もともと持っていた定位反応の機能と、その頃大脳皮質の中でも急激に重みを増していた視覚の機能とがかみ合って、眼球＝視線の動きの重要性も、二重の意味で高まった。

ひとつはそれを活用することで「好んで獲得する」機能をチューンアップすること、もうひとつは他者のそれを鋭敏に検出し、他人の意図を察知すること。この前者が視線のカスケード現象をもたらし、後者が他者の視線への敏感性につながった。ひとたびこのような方向付けが定まるや、一気にそのコミュニケーションの機能はより複雑な段階へと進化した。それと同時に、言語の使用と因果関係を分析するロジックが自己自身にも適用され、自己意識が芽生えた。おおよそ、そんなシナリオです。

†視線のカスケード現象：まとめ

さて、視線のカスケード現象に関する研究を少し詳しく紹介するうちに思わず話が転がり、進化の話にまでなってしまいました。しかし必ずしも手前味噌ではなく、この現象は、心理学、生理学の大きなメッセージに直結しています。その上、この本全体のキーコンセプトとなる情動と潜在認知のありようについても、非常に具体的な雛形を提供している。そう思ったので詳しく述べたのです。

ここであらためて簡単に、そのポイントをまとめておきましょう。

まず第一に、からだの定位反応が、意識的な好みの判断に先立つこと。先立つというよりも、むしろ不可欠であること。

第二に、この前駆過程は身体的であると同時に潜在的＝無意識的、無自覚的であること。

第三に、「選び好む」という主観的、感情的判断だけに特異的であり、他の客観的判断ではあまり見られないこと。

第四に、「からだの反応が感情経験に先立つ」という、ジェームズ－ランゲ説の伝統に沿うものであること。

第五に、他人（の顔）に対してもモノに対しても同様に見られるが、定位反応というモノへの適応機構を基盤にして、社会行動の促進のために進化したと見られること。

そして第六、それゆえに、自己と他者や社会を潜在的な地底でつなげる、コミュニケーションの機能を担っていること。

この最後の点が、まだ説明不足かも知れませんが、次章以下の展開で特に重要な意味を持つことになると思います。

なお、この研究はその後、二〇〇四年秋から発足した科学技術振興機構（JST）ERATO下條「潜在脳機能プロジェクト」に受け継がれ、情動判断の神経機構や、運動・聴覚の潜在過程、薬物中毒（アディクション）の神経メカニズムなど多様な目標を掲げて、日米欧の間で広汎な研究を展開しています。成果に御期待ください。

†人間に対するふたつの見方

ちょっと話が飛ぶようですが、この章全体のまとめを兼ねて、人間に対するふたつの見方、という話をさせて下さい。少しだけ哲学的になりますが、なに、たいして難しいことは言いません。

人のふるまいを理解する上で、この世の中には大きく分けてふたつの見方があるようです。そのひとつは内からの見方であり、もうひとつは外からの見方です。その違いをちょっと考えてみたいのです。

たとえば、あなたが生まれて初めてある町を訪れて、不思議な再認感（デジャヴ）を感じているとしましょう。それがあまりにリアルなので「きっと赤ちゃんのときに両親に連れられて来たに違いない」という確信を持ったとします。そしてそれを根拠に、あなたはとうとうそこに居を構えてしまったとしてください。

ところが客観的な調査の結果、あなたは絶対にそこを訪れたことはないことが判明した。だから引っ越しは誤った確信に基づいているというのが、実験心理学者／神経科学者の典型的な見方です。

一方臨床心理家は、まったく異なる立場を採ります。仮に「前世ここに住んでいた」というような非科学的信念が原因だったとしても、あなたは現にその町に移り住む結果となったのだ。だとすれば、客観的に見てあなたの信念は誤りだったと言い張ることに、一体どんな意味があるというのか。つまり臨床家は、客観的な過去の事実よりは、本人の心の内を重視して、そのリアリティの方を優先させるわけです（いうまでもなくこれは、「前世というものがあるに違いない」というオカルト的な立場とは違います）。

こうした臨床家のロジックは、実際に患者の症状を扱うときに威力を発揮します。たとえば催眠療法など深層心理にアプローチするさまざまな方法によって、患者が抑圧されていた幼児虐待の記憶を取り戻したとします。このように抑圧された記憶を取り戻すことで、神経症やヒステリーなどある種の心理障害がしばしば快癒してしまう。そのことはフロイト以来、よく知られています。

そこで詳しい実証的な調査の結果、幼児虐待はまったくの事実無根だとしたらどうでしょうか。「別にかまわない」と臨床家は言うのです。何十年も前の客観的事実よりは、患者が現在記憶を「取り戻し」、実際に症状が治癒したことこそが重要なのだ、と。

このふたつの両極端の見方を知っていると、世の中の様々な社会現象を整理して理解する上で、結構役に立ちます。

たとえばある地方銀行に「経営が危ない」と噂が立ち、多くの人々が不況の折からこれを信じてしまった場合を考えてみましょう。たちまち取り付け騒ぎが起き、銀行は倒産してしまうかも知れません。騒ぎが大きければ、もともとの経営が健全であっても倒産し得るわけです。この場合には、「人々が何を信じたか」の方が、経営の実体が本当はどうであったか、数字が赤字であったかなどといった「事実」より、よほどクリティカルだったと言わなくてはなりません。

だが、しかし。言うまでもなく、逆の場合もあり得ます。たとえば、深夜に運転していて人を轢《ひ》いてしまったが、気づかずにそのまま走り去ってしまった場合を考えてみてください。このとき「轢き逃げ」の自覚がなければ、たしかに情状酌量の材料にはなります。しかし、「自覚」自体は犯罪行為の構成要件とはなりません。この場合には、主観ではなくて人を轢いたという客観的な事実が決定的なのです。

†潜在認知は社会につながる

つまるところ、世の中のリアリティにはふたつあるようです。主観的で個人的なリアリティと、客観的で公共的なリアリティとのふたつです。恋愛や（その対極に位置するように見える）経済なども含めて、私たちの社会生活は、煎じ詰めればこのふたつの相互作用で成り立っていると言えるかも知れません。

そして、ここでいう主観的で個人的なリアリティというのは、顕在認知や、意識的自覚的経験などに対応します。これは読んで字のごとくで、わかりやすいでしょう。他方、客観的公共的なリアリティと言っているのは、要は行動とその結果から判断するということです。これは実は、心理学者が実験室で被験者の潜在認知の働きを探るときに用いる方法と同じなのです。

この部分は直感的にはわかりにくいかも知れないので、ひとつだけ具体例を挙げます。潜在記憶の存在は、なんらかの行動（間接指標）によって客観的に証拠立てられます。それ以外には方法がないのです。たとえば、道順を言葉では言えないが、いざ運転すると目的地に到達できるとか。再生はできないが、再認（見覚えがあるという判断）ならできるとかいうように（第5章でまた触れます）。

おわかりでしょうか。つまり潜在認知の過程が露呈するためには、他者の目が必要なのです。裏返せば、潜在認知が行動に現れることで、他者にシグナルが送られている。他者も科学者も、それを検出するよりほかに、潜在的な心を知るすべがないのです。

潜在認知の理解が、自己と他者、個人と社会をつなぐ底流を理解することにつながると私は考えています。その理由は実はいくつかあるのですが、これがまず第一の理由なのです(他の理由については、以下の章の中で追々述べるつもりです)。

視線の偏りによって選好判断を遂行する際に「他者の目が必要」ということを、先に進化に絡めて詳述しました。それとも関係しています。がここでは、それも含むもっと一般的な意味で言っているつもりです。

†潜在認知の三つの意味

この章で試みたことは、情動と潜在認知というこの本のキーワードについて、それを論理的に導入したり、立証しようとすることではありません。そうではなくむしろ、まずはその含蓄と射程とを日常的な例を中心に多角的に掘り下げて、印象画ふうに、鮮明にしようとする作業でした。そして後半では、視線のカスケード現象を紹介しつつ、議論の雛形となる潜在認知過程の作動のありさまを、浮き彫りにすることを試みました。

序章のまとめとして、さらに多少の整理を試みたいと思います。まず第一に、脳内の情動系と認知系、顕在レベルと潜在レベルの関係について。

次ページの表を見てください。これらの神経ネットワークの関係を整理したものです。普通はこの表のIとIVが強調されることが多いのです。つまり、認知系は顕在レベル、情動系については潜在レベルが強調されることが多いのです。この序章でも、どちらかと言

		認知系	情動系
制御過程（顕在）	・継時的 ・努力を要する ・意図によって作動 ・自覚的	I	II
自働過程（潜在）	・並列的 ・努力を要しない ・反射的 ・無自覚的	III	IV

表　意思決定と報酬の神経ネットワーク（Camerer et al., 2005, Fig.1 より改変）

えばそうした側面を強調してきました。

しかし、II（顕在的な情動）とIII（潜在的な認知）も無視できない、それらを通じて、IとIVも相互作用を起こすことができる、というふうにこの表を読み取ることができます。これに対応する脳の関連領野のおおまかな解剖図（図5）を次のページに示しておきます。この図のポイントはただひとつ。前頭皮質の認知システムが、皮質下の自働的な情動システムの働きをトップダウンに制御するという点です。ついでに情動脳とも呼ばれる大脳辺縁系の断面図（図6）も示しておきます。これらの領域をつなぐ回路が、この本の展開の主舞台となるわけです。

最後に、潜在認知と一口に言ってもいろいろな場合がある。それを三つのケースに分け、定義を兼ねて説明しておきます。

潜在認知と言うと、一般の連想としては閾下《いきか》の知

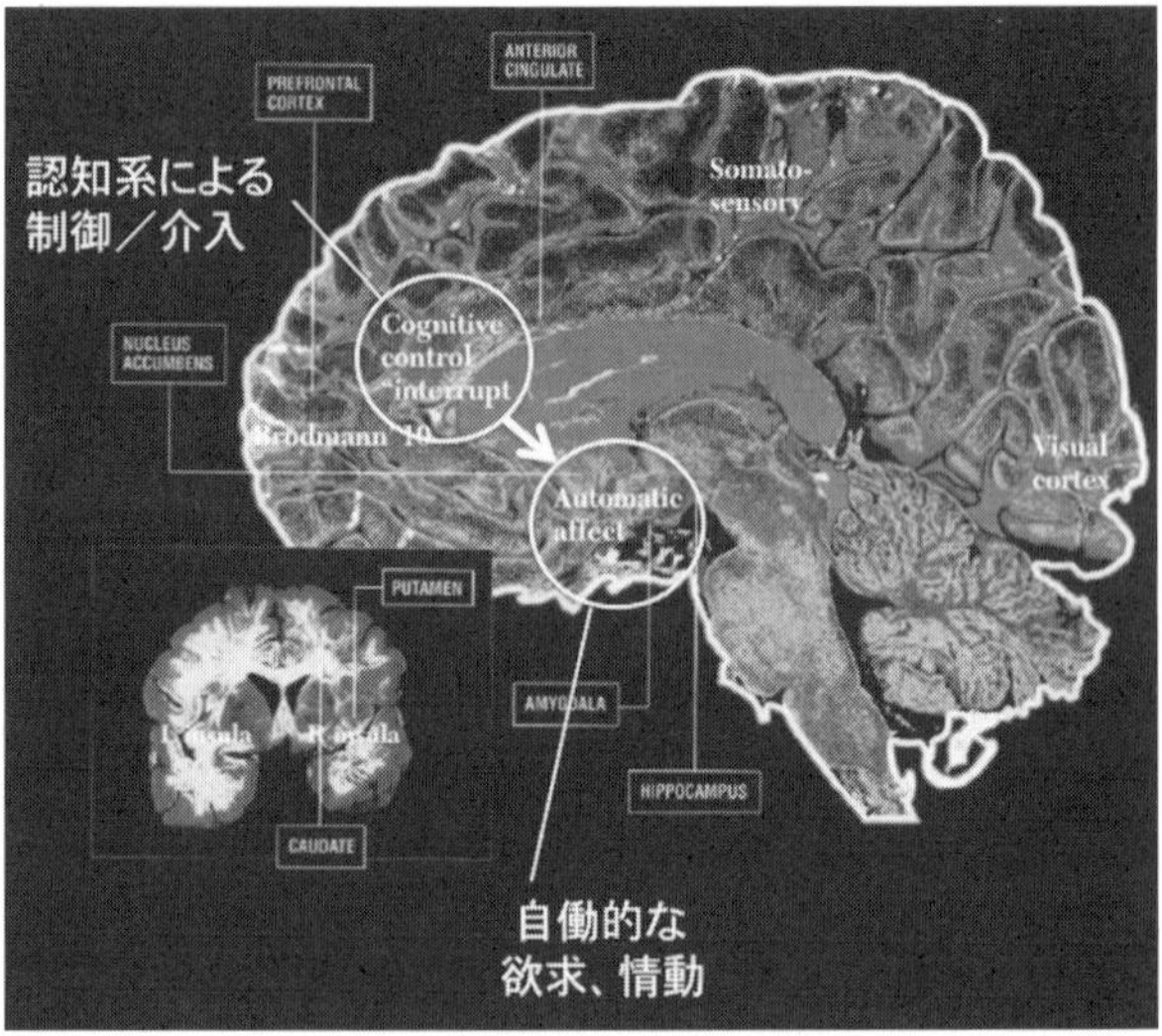

図5　認知系、情動系の関連領野（Camerer et al., 2005, Fig.1 より改変）

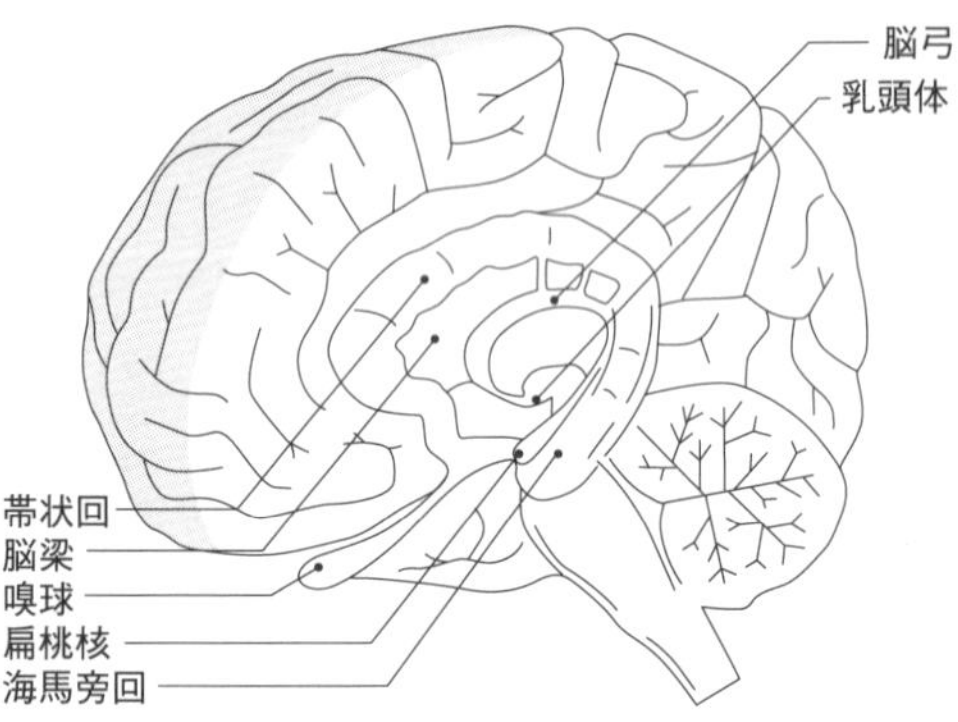

図6　大脳辺縁系の断面図

覚、いわゆるサブリミナル知覚が連想されるでしょう。これがまず第一の意味／ケースになります。これもこの本の守備範囲に入るのですが、必ずしも唯一の意味ではないし、主眼でもありません。

第二のケースは、知覚内容、あるいは行動の内容そのものは立派に意識に昇っているのだが、その知覚なり行動の本当の原因がわからない、あるいは原因について誤った考えを持ってしまう。そういう意味で、因果関係が「見えていない」ケースです。この章で挙げた例の大部分が、（視線のカスケード現象も含めて）このカテゴリーに含まれることにお気づきでしょうか。

第三のケースは、潜在学習です。学習が進行していること自体に気づかないケースもありますし、それには気づいていても、学習にとって決定的な要因や手がかり、または因果関係が「見えていない」こともあります。これについてはこの章ではほとんど例を挙げませんでしたが、野球のピッチャーとバッターの例は、少し関係があるかも知れません。後で、条件づけの例を挙げる機会があると思います（第3章）。

情動系と認知系。特にそれらの潜在的なレベル。それを中心にこの序章を進めてきました。これでようやく、すべての準備が整いました。

ここで素描した潜在認知を視座の原点として、あらためて世界を見渡したとき、そこに立ち現れてくるのは、果たしてどのような風景なのか。それは世にも奇怪な、目を覆うばかりの怪異な地形かも知れないし、想像を超えたエクサイティングな光景かも知れません。乞うご期待、と言っておきましょう。

第1章 「快」はどこから来るのか

情動とはなにか、それが心の潜在的な領域でどのように働き、行動にどのような影響を及ぼすかを、序章で点描しました。そのひとつの例として、視線や注意の偏り＝定位反応が、選好判断の潜在的な前駆過程となっていることも示しました。それを前提にこの章では、感覚、知覚経験の「快」がどこから来るのかを考えます。

音楽のもたらす快が、その良い練習問題となるでしょう。音楽を聴くのは、言うまでもなく感覚経験です。そういう感覚、知覚経験そのもののもたらす神経学的な「報酬」は、どこから来たのか。長い進化のタイムスパンの中で、深い生物学的基盤に根ざして発生したと考える根拠があります。

一方個人の経験という時間軸で見ると、なじみ深さと目新しさ。この一見矛盾するふたつの要因が、人々の好み＝感覚の快に一役買っていることに気づきます。同じことは聴覚だけでなく、視覚や他の領域でも指摘できます。なじみ深さと目新しさは、共に「快」や「好み」が記憶に基づくことを示しています。しかし同時に、論理的には矛盾しているように見えます。

この矛盾を解こうとする試みは、やがて私たちを大脳新皮質の進化を巡る考察にまで導くでしょう。もとよりものごとの「好き」嫌いは文化や流行、個人の嗜好の問題でもあるわけです。が、あえてそのおおもとにある心の潜在過程や、情動に特化した生物学的基盤に注目しようというのが、この章のプランです。

そうすることによって、現代文化が加速度的に傾斜を深めて行く、その方向を神経学的な観点から見極めることができると思うからです。

†数分で伝える感動

最近は正月も日本に帰国しないですますことが多く、こどもの頃には大晦日恒例だったNHK「紅白歌合戦」もあまり見なくなりました。が、数年前にたまたま録画でそれを観る機会がありました。

私には覚えのない曲や歌手が多くなっていて閉口したのですが、あるゲストの女性作家の言葉が強く印象に残りました。正確には覚えていませんが、「私たちが何百ページもかけて伝えようとする感動を、歌はわずか数分で伝えるのですね」という意味の発言でした。

言われてみればその通り。優れた楽曲の持つあの情動の喚起力は、どこから来たのか。そしてまた、音楽や映像文化のこの異常なまでの隆盛はいったい何なのか。ちょっと考えてみる気にさせられたのです。

†音楽の普遍構造

生物学的に考えると、音楽など生存のためには無くても困らないでしょう。音楽の起源をどのあたりに求めるかには、後でふれるように諸説あります。が、いずれにせよ、普通に「音楽」と認められる体裁のものが成立したのは、人類の進化史上、比較的新しいある時点のはずです。そしてそれ以前の私たちの祖先は「音楽なし」でも立派に生存はしていたのです。だから、生存のために不可欠だとは言いにくいのです。

半面で古今東西、音楽はあまねく創られ鑑賞されてきました。まだ異文化（異民族）間の交流があまりなかったはずの時代に、独立にそれぞれのスタイルの音楽が発生し、成立したのです。音楽というものが一切ない文化、種族というのは考えにくいと思います。

その上、独立に発生したにもかかわらず、それでも「音楽」と括《くく》り得るいくつかの特徴を備えています。たとえば構造という観点から言えばリズムや音階。行為という点で言えば作曲と演奏（そして踊り）。効果で言えば、情動的な喚起をもたらすことなどは、共通の特徴です。

少し音楽の理論に詳しい人なら、ここですぐにオクターヴの共通性などという具体的なポイントを指摘してくれるかも知れません。いくぶんか脇道になりますが、ここらで「音楽」として括られるものの共通構造について、簡単にまとめておきます。音楽の起源を見定める上で参考になるでしょう。

今、オクターヴの共通性といったのは、ほとんどすべての文化圏で、オクターヴずつ離れた音が「同じ音」として知覚される事実です。音階もまた音楽のひとつのきわだった特徴です。実際、ほぼすべての音階が一オクターヴあたり七またはそれ以下の音（ピッチ）から成り、また世界中の音楽的なリズムが、二連符か三連符の組み合わせから成っています。

このように、オクターヴ、音階、リズムはかなり普遍性が高く、民族ごとに異なる歴史や文化の文脈を超えるものを想像させます。たとえば、オクターヴが音の周波数と共鳴に基づいていることは、音響物理学でよく知られた事実です。また内耳で音を受け止め神経信号に変換する蝸牛殻《かぎゅうかく》は、それ自体がかたつむりのように湾曲した管状の構造で、共鳴音に反応しやすいようにできています。オーケストラのホルンと同じ理屈です。

これに対して、たとえば和音というのは、西洋音楽と邦楽でも概念が違いますし、よりばらつきが大きいようです。しかしそれでも、快と感じられる音の組み合わせがいくつかある（ということはまた、不快とされる組み合わせも多数ある）という点では、やはり共通なのです。

もちろんここで述べてきたことは、西洋近代音楽を中心とする一般論であって、いろいろ但し書きが必要です。たとえば一五世紀頃までの音楽は神のために創られ、そのため様式美が重んじられた。人の快のために創られたと言えるのは、ルネサンス音楽以降であるとか（だが、その神そのものが人間の文化的創造物だと考えてもいいわけです）。また日本古典音楽では、型にはまった正確なリズムや音程よりも、微妙なずれや遅れが重要であるとか（だがそうしたゆらぎは、息や鼓動のような生物学的リズムそのものの特徴でもあります）。

また実験的な現代音楽には、音階や和音のこうした規則性をあえて破壊する例外もたくさんあります。が、それらにしても、和音や音階を大切にする伝統的な音楽の歴史と文脈を前提に、それに対するアンチテーゼとしてはじめて意味を持つわけです。それに現代音楽のセンスをもってしても、そうした不協和音それ自体を普通の意味で「快」とは呼びにくいでしょう。

したがって、そういう例外があることはここでは重要ではありません。重要なのは、これら共通の特徴を介して世界の音楽がゆるい「家族的な集合」を形成していることです。

こうも共通だとすると、そこには何らかの必然性、詳しく言えば生理学的、神経学的な必然性があったのではないか。そう疑いたくなります。一見文化の所産と見えるものにも、生物学的、神経学的な基盤があるのです。

少し脇道にそれて音楽に共通の構造を指摘したのも、この可能性を強調するためでした。つまり、音楽は人類に共通の生物学的基盤に基づいているということです。

一言付け足せば、反復されるビートやリズムも、人間の生物としての特有のリズムに由来すると考えるのが自然でしょう。たとえば心臓の鼓動に胎児や新生児も敏感に反応するという証拠がありますし、歩行や走行のリズムが関係している可能性もありそうです。

このように音楽は原初的な生物学的基盤に基づいています。それゆえ音楽のもたらす効果は、論理的、分析的、文化的な文脈だけで理解することはできません。

†音楽の快は生理的、神経的

音楽の効果は、言うまでもなく論文や理屈っぽい書物のもたらす効果とは違います。それはむしろ、潜在的な情動のレベルでもっとも強く喚起されるのです。楽理上も、情動的な興奮は、音の大きさ、早さ、加速、高い音域でのパターンなどによって普遍的に伝えられると考えられています。リラクゼーション効果は、さまざまな神経、生理計測で確認されています。

音楽は、生理的で神経的な快をもたらすために、人類史の中で当必然的に創造された。音階やリズムなどはまさしく、そのことを示す生きた証拠と言えるのです。

そもそも音楽の起源は、人類進化史のどのあたりにあったのでしょう。またそのことは、優れた楽曲の持つ情動の喚起力や「生理的で神経的な快」を理解する上で、どういう意味を持つのでしょうか。

†音楽の起源

音楽の起源については諸説が提唱されています。その中から有力そうなものだけ挙げておくと、まず第一に、求愛説があります。

音楽はもとをただせば求愛の手段だったという説です。今でも、カラオケで愛の歌を歌ってから告白するのは若者の間で人気のある方法です。この説が、鳥の歌（バードソング）とその生物学的役割からの類推であることは言うまでもないでしょう。バードソングを歌う種類の鳥の場合、バードソングを排除したらそもそも繁殖が成り立ちません。愛が究極の情動であるなら、歌こそは究極の情動喚起装置なのです。

第二の説は、社会集団における共同、協力、紐帯《ちゅうたい》を高める機能に注目するものです。現代でも一方に国歌や軍歌があり、他方に「インターナショナル」などの労働歌があるのは象徴的です。政治的立場は正反対でも、仲間意識を高める歌の機能は一緒なのです。学校集団のアイデンティティについて言えば、応援歌や校歌は全国津々浦々にまで（たぶん世界のあちこちにも）浸透しています。団結もまた、情動の昂揚とともにあります。

またこの説のヴァリエーションとして、祭りや踊り、儀式の不可欠な要素という側面に注目する考え方もあります。集団のアイデンティティと同時に、宗教とのつながりを重視する立場です。

第三の説は、親の子育てや、面倒をみる行動を促す機能に注目します。確かに鳥のヒナが鳴きたてたり、哺乳類でも仔の鳴き声を聞けば、親は駆け寄って餌を与えたり世話を焼きます。音楽は、親子のこうした発声によるコミュニケーションから発生したと考えるのです。親の子に対する愛情もまた、負けず劣らず情動価が高いですから。

そして第四の説が、言語との同型性に注目する説です。

†音楽と言語の共通起源説

音楽と同様、言語もまた人類のみに共通で、互いの交流なしに各地で独自に発生しました。そしてあるレベルではまったく異質であるにもかかわらず、言語としての共通の特徴（文法、意味論、発話、語用法など）を備えています。諸民族の音楽に共通の構造というのと似た話です。

実際、次に述べるように、音楽の発生を言語と関連づける理論が有力であるところを見ると、この類比は偶然ではないのかも知れません。音楽と言語の必然性は、生理学的、神経学的である前に遺伝的なものを含むのです。

音楽の言語類縁説にも、実はいろいろな立場があります。有力なのは、脳の進化の過程で、言語と音楽とがリンクして、並行して進化したという考え方です。はじめに言語進化ありきで、それにただ派生して、または付随してたまたま音楽が出てきたのではないのです。チョムスキーが言語について述べたのと似た意味で、音楽もまた人類という種に特有の生物学的な能力（competence）ではないか、ということです。

言語の進化的起源については、もともと「ジェスチャー（しぐさ）」理論と「ヴォーカル（発声）」理論とがあります。ジェスチャー理論では、赤ちゃん（やチンパンジーなどでも少しは）に見られる指差しのようなしぐさの象徴化機能から、記号や言語が進化したと考えます。一方ヴォーカル理論というのはいうまでもなく、動物の発声から進化したヒトの発声が基礎を提供したと考える立場です。

すでにお気づきの方もいるでしょうが、音楽においてもジェスチャー（踊り）とヴォーカル（歌）とは、いずれもその起源に関わる根幹の要素です。これがまったく偶然の一致だとは考えにくいでしょう。

他の説を採る論者も、言語との関係を積極的に否定しているわけではありません。音楽と言語の類縁性は否定しがたく、音楽の起源はやはりどうも言語の獲得と関係があるようです。ただ、先に挙げたような多彩な生物学的機能が指摘されていることから、そのどれかひとつが正しいということではない。むしろ数多くの異なった淘汰圧が、人類の進化の異なった段階でかかり、現在の音楽が成立したと考えるべきでしょう。

確かにはじめは言語とリンクして進化したかも知れない。だがやがて人間社会のユニットとしての家族が確立し、子どものケアの必要が増してくる。また社会手段の規模が大きくなってくる。集団間の競争にも勝ち抜かなくてはならなくなると、集団の紐帯を強める別の角度からの淘汰圧がかかる。

その淘汰圧が音楽を、言語とは少しだけちがった方向に加速、進化させたかも知れない。それぞれの方向で、ジェスチャーやヴォーカリゼーションがともに大きな役割を果たしたかも知れない。たとえば、そういうことです。

†記述機能と情動表出機能

しぐさと発声というふたつの機能を基盤とする点でも、言語と音楽は似ています。このことは今指摘したとおりですが、模倣に関する発達研究からも裏付けられます。

赤ちゃんはおとなのしぐさだけではなく声にも注目し、自らも発声して模倣します。これが言語の獲得を促す仕掛けと考えられます。そのためには、聞くこと、声を出すことそのものが快となるように仕組まれている方が都合が良いでしょう。

実際、乳児でも自発的に発声し、また人声に対して特に反応し、そちらに注意を向けようとすることがわかっています。これらは生得的に組み込まれているか、あるいは発達初期の臨界期と呼ばれる重要な時期に「刷り込まれた」ものと考えられます。

子守唄や子をあやす唄などが様々な文化、民族に共通に存在するのも、そのせいでしょう。この部分は、先にあげた諸説の中でいえば「親の子育て説」に当たる考えです。

ところで言語における発声に関係して、忘れてはならないポイントがあります。しゃべり言葉の機能には、おおまかに分けてふたつあるという点です。意味内容を伝える命題的な機能と、情動を直接伝える機能です。

たとえば「隣のおじさんが私の足を踏んだ」というのは事実を伝える客観的、記述的な文ですが、その結果痛くて「ぎゃー」と叫んで飛び上がったとすると、この「ぎゃー」は何か意味内容を記述しているわけではありません。むしろ飛びあがった動作と同じく、思わず出たからだの反応の一種、と言ってしまった方が適切でしょう。

同じひとつの文でも、記述的記号的な意味のことを、明示的意味（denotation）といいます。辞書的な意味と言った方がわかりやすいかも知れません。これに対して、暗示的意味（connotation）というのは、字句の通り言外の意味、ニュアンス、含蓄のようなものを指します。韻律（強勢や抑揚など：prosody）は、この後者の意味を運ぶ重要な手段と考えられます。先ほどの「ぎゃー」はその極端な例とも言えそうです。

こどもの言語獲得を見ていると、はじめは意味などわからずに、状況に応じておとなの言うことの抑揚を真似したりすることからはじまります。実際どの言語でも、日常会話を音響として記録したものを見ると、どこに単語の切れ目があるのかまったくわかりません（文節化が困難、という言い方をします）。そこで赤ちゃんがこの文節化をどうやって学ぶのか、また学ぶ以前から真似るとはどういうことかという問題が生じます。

その答えは、母国語に特有の抑揚やイントネーション、アクセントなどにあります。赤ちゃんは喋り出すよりもずっと前から、母国語らしい抑揚とリズムを学んでいるのです。言語のふたつの意味のうちで、発達的には明らかに暗示的、情動的な意味の方から学ぶということです。言語の進化的起源を考える上でも、この区別が重要なポイントになります。というのも、言語は今説明した順序とは逆に、記述機能よりはむしろ情動の表出や伝達の機能の方が先立ったと考えられるからです。情報の伝達よりは、情動の単なる表現としての発声が基礎にあったと考えられるのです。

たいていの哺乳動物の赤ちゃんは、他の個体に踏みつけられたり敵に嚙まれたりすれば、

図7　どちらがブーブーでどちらがキーキーか、言い当ててください。

悲鳴のような叫び声をあげて親の助けを求めるでしょう。また鳥やサバンナに住む草食動物などの群れでは、誰かが天敵を発見すると叫び声をあげて仲間に知らせ、それを合図にいっせいに逃走をはじめたりします。先ほどから例に使っている「ぎゃー」との類縁性は明らかで、ここらあたりに言語の起源がありそうだということです。

†進化の表街道、裏街道

これには言語心理学的な証拠もあります。たとえば教室でもできる、こんなデモンストレーションが古くから有名です（少し脚色してあります）。

あなたの知らないある言語で、「ブーブー」と「キーキー」という名前のふたつの物があります。そのだいたいの姿かたちは、図7に示したようなものです。さて、どちらの図形がブーブーで、どちらがキーキーだと、あなたは思いますか。

実際にこれをやってみると、圧倒的多数の人が、柔らかい輪郭の図形がブーブーで、ぎざぎざの図形がキーキーだと答えます。このふたつの語(というより音)には辞書的な意味などもとよりなく、ここには正解もないわけですから、この偏りは不思議です。しかも文化や母国語にかかわらず、ある程度共通にこのデモはうまくいくようです。

こういう不思議な関係は、実在の自然言語にも当てはまります。たとえば「大きい」というときは口が大きく開き、「小さい」というときは口をすぼめます。がこれは日本語に限ったことではなく、英語("Large" "small")やフランス語("grand" "petit")など、例外はあるものの、かなりの言語であてはまります。口の形だけ見ていれば、どちらがどちらかある程度言い当てられるわけです。

またこれは実際に試してはいませんが、「氷」や"ice"という音だけ聴かせて、冷たいという意味か温かいという意味か、どちらだと問われたら、日本語や英語を知らない人でもかなりの確率で正解できそうです。

こういう事情を捉えて「言語は、感覚間のほとんど生得的な連絡に基盤を持つ」と主張したのは、日本でも『脳のなかの幽霊』(角川書店)などの著書で知られているV・S・ラマチャンドランです。しかしここで言いたいことは別にあります。言語の伝える「辞書的意味」以外の、感覚的あるいは情動的な意味ということに注目したいわけです。言語の起源は記述機能の方ではなくて、情動表出機能の方との関連が大きいのではないか。そして情動表出機能こそ、記述機能の基盤にあったのではないか、と。

言語はもともと動物の叫び声やほえ声のように情動的な信号だったはずで、それが次第に状況を記述したり、情報を伝えたりするものへと進化してきたと考えられる。これが言語の進化の主な道筋です。だとすると、そこから枝分かれした、いわば裏街道で、逆に情動的なコミュニケーションに特化して発生したのが音楽だとは考えられないでしょうか。

そう考えることは、先ほど説明した言語と音楽の共通起源説、また言語の記述機能と情動表出機能からしても自然です。何よりもそう考えることによってのみ、音楽の持つあの異様に効果的な情動喚起力が説明できると思うのです。

ただ「裏街道」と言ったのは、現代の私たちの視点からの、いささか不公平な表現かも知れません。動物の叫び声からの進化の道筋からすれば、音楽の進化の方がむしろ表街道だったのです。アフリカの部族が交信に使う太鼓や踊りの伴奏などは、その名残りと考えることができます。

†言語と音楽の神経回路

脳の機能分化という観点から見ると、言語が認知脳＝新皮質の発達を促したのに対して、

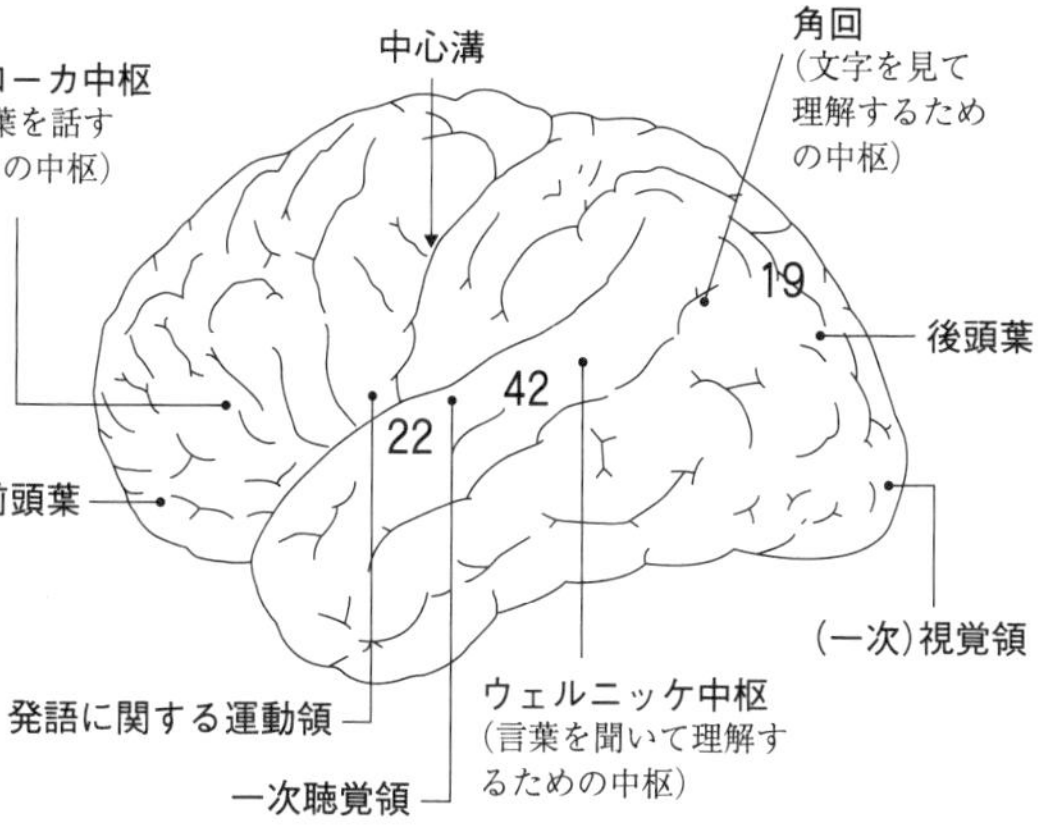

図8　言語，音楽に関わる脳の機能局在マップ

音楽は主により古い脳、特に情動脳＝辺縁系の機能と深く関係しています。この限りでは、共通性よりはむしろ区別、対比がきわだっているようにも見えるかも知れません。ただそれぞれの神経回路をより詳しく見れば、興味深い共通性が浮かび上がります。

よく知られているとおり、音声言語の発声や聞き取りにはウェルニッケ中枢と呼ばれる聴覚性の言語野が関与します。逆に発話しようとするときには、ブローカ中枢と呼ばれる運動性の言語野などが関与します。また課題によっては前頭、状況によっては情動に関わる皮質下などの広汎な部位が関与します。文字や文章を読むときには、むろん視覚に関わる後頭の領野、読んで書いたり聞いて書くような感覚運動的な作業では、頭頂や前頭部も働くでしょう（関連領野を含む機能局在マップを前ページの図8に掲げました）。

このように言語機能は、場面と課題に応じて組み合わされる、きわめて広い神経回路によって支えられています。

これと似たことが、音楽にも当てはまるのです。最近のPET（ポジトロン造影法）、fMRI（機能的核磁気共鳴画像法）などによる研究によれば、音階を聞くだけでブロードマンの脳地図で42野と言われる側頭の聴覚野、先のウェルニッケ言語中枢の一部と重なる22野などが活性化します。

さらに音楽を聞くと（運動課題なしでも、通常運動機能と関連することの多い）小脳の一部が活性化します。演奏では前運動野、つまり一次運動野よりひとつ上の、運動をコーディネートする領野が活動します。鑑賞して感興があれば、辺縁系などいわゆる情動脳にも活動が見られます。読譜では、当然ながら視覚皮質の一部である19野と呼ばれる場所が活性化します。

聴覚でも視覚でも、また運動でも、一次皮質ではなく高次皮質が活性化する点は共通の特徴です。このように音楽もまた、場面と課題に応じて組み合わされる広い神経回路によって支えられているのです。

ただ音楽の場合、専門家と素人とでは、脳内の関係部位に重なりとともに違いも見られます。また「言語は左半球、音楽は右半球」という古典説とは裏腹に、言語でも課題によっては（たとえば読みの課題では）右半球、音楽でも（特にプロの音楽家では）左半球が大きな役割を担っています。

以上を要するに、言語を処理する領野と音楽を処理する領野とを総合的に見比べてみると、両者はかなり重なっているのです（先のウェルニッケ中枢はその一例）。

このように音楽は脳内の広い神経回路を一気に活性化し、それはまた意味を処理する言語回路とも重なっています。そのかなりの部分が、生物学的で潜在的なメカニズムに依っていることも事実です。それを考えると音楽がなぜ人類に共通であり、かくも不動の文化であるかがわかる気がします。また悲しい歌を聞いていて不意に涙がこぼれたりするような、情動を瞬時に喚起する強い力を音楽が持っていることも。

ついでに少し先走って言うと、先端の現代社会ほど、ますます音楽の需要が高まっている理由も、このあたりに関係しているのでは、と言いたいわけです。が、それについてはまた後で。

†ポーカーの神経経済学

音楽は「脳内のさまざまな神経回路を一気に活性化し、それはまた意味を処理する言語回路とも重なっている」ということを、今指摘しました。それが音楽の根強い魅力、快と関係していることを、進化論的、神経科学的に論証してきたわけです。

ここで音楽の話からちょっと飛びますが、「脳内のさまざまな神経回路を一気に活性化」という点に絡めて、最近の研究をひとつ紹介させてください。カルテックで私たちが神経経済学者らと共同で行っている研究です（E・シュリクト博士、C・カメラー教授らを中心とする研究）。私たちは意思決定と神経経済学の観点から、ポーカーというゲームで、素人と玄人では何が違うのかに興味を持ちました。それを認知神経学的に解明したいと考えたのです。

欧米では、カードゲームの中でもポーカーは王様ともいうべき人気で、素人の週末の集まりから、本物の「ツアープロ」たちが巨額の賞金をめざして争うトーナメントまで、各種の催しが毎週行われています。その人気の秘密は何なのか。単なる確率計算によるギャンブルとどこが違うのか。確率計算以外の、報酬と快、社会的要素、遊びの要素がふんだんに入っていて、もしかしたら株の取引などに似た点さえあるかも。そういう意味で、神経経済学の観点からもポーカーは興味深いテーマだったのです。

そこで私たちは、ポーカーの素人と「学生プロ」（はい、そういう人種がLA界隈にはいるのです）の二群の被験者を集めました。そして確率計算だけで事足りるギャンブル（くじ）課題では、成績がほぼ同じになるように調整したのです（カルテックの学生は理数系に強く、そういう統制群には最適です）。ポーカーでもくじでも、必要となる確率計算そのものと計算能力は一緒だったということです。その上でそれぞれのプレーヤー群において、このふたつのゲーム条件で脳神経活動をｆＭＲＩで計測しました。

ポーカーのエキスパートであるとはどういうことか。私たちの当初の予想は次のようなものでした。セミプロはポーカーの手札を確率計算に置き換えることに極度に習熟している。だから計算を司る脳内部位だけが、素人群より大きく活性化するだろう。またポーカーに極度に習熟しているぶん、ポーカーとくじとで全然違う神経計算、ストラテジーを使うだろうと。私たちのこうした予測はみごとに裏切られました。

結果はおおよそ次のようなものでした。まず第一、脳の全体的な活性化を単純に比較すると、セミプロ群の方が素人群よりもはるかに大きかったのです。この点は特に、くじ課題のときの活性化レベルを基準にして比較するといっそう明らかでした。熟練したセミプロでは、手札を見ただけで脳内のさまざまな機能、回路にトリガーがかかっていることがわかります。

ところが面白いのは、ユーティリティ（手札の経済価値）の計算に特化した神経活動だけを取り出すと、逆にセミプロ群の方が活動レベルが低かったのです。これは習熟によって神経的な「努力」が不要になっていることを示しています。

またふたつの群では、活動した脳内部位が（重なるところもあるものの）かなり違っていました。たとえば顔の知覚や微妙な形の識別に関わる側頭部の領域は、ポーカーのセミプロ群でだけ活性していました。その活動パターンを全体的に見ると、素人群では、くじのときの計算をポーカーのときにも苦労して当てはめようとしている。一方セミプロ群では、逆にくじ課題でもポーカーの回路を活用している。そのように解釈できる結果でした。考えてみれば、一芸に秀でている人はそこで培った知恵を他の場面にも応用できる。これは世間知としては常識の部類でしょう。

ひとつ注意しておくと、ポーカー課題とはいっても、被験者がスキャナー内で課せられたのは、コンピュータが相手の、ごく簡略されたゲームでした。実際の真剣勝負のポーカーのように席順が大きく効いたり、相手の思考を読むようなことは不要なのです。それにもかかわらず、セミプロでは本当のポーカーをやるときと同じ回路が全開になってしまった。くじのようなより単純な課題でも、脳活動を止めようとしても止められなかった。そこに面白さがあります。

これらの結果は何を意味しているのでしょう。まず何かに習熟するとはどういうことか、それにヒントを与えてくれます。習熟するとは、同じ推論／計算をより全力をあげてやることではありません。考えてみれば当たり前の話です。そうではなく、状況や手がかりから実際の計算をせずに直感的に解くことなのです。この意味では、囲碁や将棋のプロにも似ています。最終章で独創性に絡めてふれるつもりですが、計算の効率化や馴れと同時に、他の有力な手がかりやルール（ヒューリスティクといいます）を直感で使えるようになるのです。

†マキャベリ的知性

「神経系の全体的な活性化が、快につながる」という筋道に戻して、まとめます。ポーカーの研究は「神経系の活性化」がゲームの面白さ、ひいては快感につながることを示しています。しかしそれだけではありません。ポーカーのゲームを複雑にしている要因……たとえば報酬や感覚間の統合、メンタライゼーション（相手の思考を読むこと）など「社会的な知能」の動員が欠かせないのではないか。そういうことも示唆しているのです。

このような考えは、進化生物学や進化心理学で言われている「マキャベリ的知性」という考え方ともつながります。マキャベリ的知性とは（例のイタリアの戦略家、哲学者からきたことばで）霊長類における社会的な知能を指します。協調したり、出し抜いたり、従ったり、叛逆したり、集団の状況に応じて柔軟に対処する知能、というより感受性です。

このような社会的知能がそうでない（たとえばモノを操作する）知能の基盤になっていて、決して逆ではない。これがポイントです。ポーカーのセミプロの脳内活動のパターンは、まさにこのことを連想させるものだったのです。

この結果を見たとき私は、ポーカーが不滅の人気を誇ることも納得できる気がしました。それとともに、現代社会における音楽の隆盛を理解するヒントを得たように思いました。よく考えると、この章の前半で音楽の起源として挙げた四つないし五つの説は、すべて社会的知能に関わるものではありませんか（憶えていますか。求愛説、集団のアイデンティティ説または儀式／祭礼説、子育て説、そして言語との共通起源説です）。

これは現代人の求める神経学的「快」の理解につながる重要な論点だと思います。深い生物学的起源を持つこと。脳の報酬系と情動を活性化すること、中でも社会的感受性に注目すること。これらを念頭において、音楽のもたらす快を神経学的に捉えるとどうなるか、さらに見ていきます。

†音楽の快と「報酬」

音楽が発生して定着したのはどうしてか、その問いに答えるために押さえなければならないのは、（今さらですが）音楽は快をもたらす、という大前提です。快があるからこそ発生し、定着した。このツボを外してしまっては、どんな理屈も役に立ちません。

では音楽における快はどこから来るのか（ちなみに、同じ問いは絵画や映像のような視覚文化についても提起し得るでしょう）。どこから来るか私たちが正確に名指せない以上、これは明らかに心の潜在過程を含む問題です。

この点についてまず最初に指摘したいのは、伝統的な心理学の理論がまったく役に立たないということです。

心理学では、快は外部からの「報酬（reward）」によってもたらされると考えます。報酬というのは妙な日本語ですが、月給、などという意味の報酬とは違い、動物行動に駆り立てるすべてのものを意味する術語です。たとえば、バーを押すと餌のペレットが落ちてくる。それを学んだネズミはさらに餌を得ようとして懸命にバーを押します。動物心理学者はこれを「報酬によって学習が進んだ」と表現するわけです（道具的条件づけ、またはオペラント条件づけ、といいます。ますます妙な日本語ですね）。

また有名な「パブロフの犬」の実験も、報酬による学習と考えられます。ベルの音と肉片を対にしてくり返し呈示していると、やがてベルの音だけで犬は「肉片を連想して」よだれを垂らすようになる。これが古典的条件づけ、または条件反射と呼ばれる学習の典型例です。本来報酬としての価値を持たない音が、学習によってその価値を獲得した、つまり「報酬＝快をもたらすもの」としての身分を獲得したと考えられるのです。

ネズミのバー押しのケースでも、パブロフの犬のケースでも、報酬は実験者が恣意的に外部から与えていることに注意してください。

†外からの報酬と内なる報酬

ここで不幸だったのは、このような動物の学習実験から「報酬」という概念が構築され、「快」を求めるヒトの行動の説明にまで飛躍したことでした。人間を相手にする心理学者も、この概念に寄りかかって人の行動を説明しようとしたのです。

ひるがえって、現代社会における音楽文化を見てみましょう。若者たちはやりのポップスやヒップホップにハマっています。彼らが手放せない携帯電話にも、着うた、着メロが欠かせません。そんな若者たちの行動を、餌を求めるネズミやジュースを求めるサルの行動と同列で論じようというのは、いかにも無理があるのではないでしょうか。

彼らティーンエージャーたちは、ｉＰｏｄで音楽を聞くことで食べ物や飲み物を貰えるわけではありません。お金を貰えるわけでもない。それどころか、一日中ヘッドフォンを着けて音楽にハマっていれば、親から怒られるか、フリーターとしての仕事もさぼりがちで食事代にも困るか。そんなところですから、報酬どころか罰をもらう可能性の方が高いのです。それなのになぜ音楽を聴き続けるのか。

彼らはむしろ、音楽そのものの内にある快にハマっていると見るべきではないでしょうか。若者だけではなく現代人は皆、食べ物やお金のような外部からの報酬とは関係なく、感覚そのものの内にある快を楽しむ動物になったのではないでしょうか。そうした内なる快を、外部からの報酬と対比させて、内部報酬と呼ぶこともできます。

音楽の発明、その快の発見の中にこそ、人類の脳を動物脳から分けた内部報酬が潜んでいたのかも知れません。だとすればその延長上で、現代文化を過去の文明史から際立たせるものを理解することもできるかも知れません。

†感覚、知覚の内部報酬仮説

より進化した動物ほど、外部からの生物学的報酬ではなく「感覚そのものの」「内部的な」報酬に反応しているのではないか。これが仮説です。

実際、哺乳類でもたとえばネズミやリスなどげっ歯類になると、一見生存とは関係ない、意味のない遊びのような行動を示すことがあります。これらは案外生存に関わる意味があるのかも知れませんが、イヌ、ネコになればより確実に「遊び」行動を示すようです。さらにチンパンジーでは、知恵の輪のような純粋に知的な遊びを、他の報酬なしでも好んでするという報告もあります。

言語進化の裏街道で発達した情動コミュニケーションというシナリオは、すでに詳しく説明しました。それに加えて、こういう感覚や運動そのものの内部的な報酬に特化して発達した遊び。その延長線上に音楽があるのでないか。そのようなふたつの文脈の重なる地点で、音楽の神経学的基盤を捉えることが可能だと思うのです。

私たち自身のカルテックにおける研究でも、「感覚すること自体の内部的報酬」を証拠立てる知見を得ることができました（M・キャンポス博士、R・アンダーセン教授らとの共同研究）。「モンキーTV」と名づけたプロジェクトです。

†モンキーTV

前にも述べた通り、動物の報酬系の研究は餌やジュースなどの直接生物学的な報酬に基づいています。それゆえ、たとえばティーンエージャーがゲームや音楽、ムービーなどにハマるメカニズムが理解できない。そこで私たちは、サルのジュースに反応する報酬系の脳内部位と、ムービーを観ること自体の愉しみに反応する部位とが重なっているか。さらにまた報酬関連ニューロン（神経細胞）はこの二種類の報酬で重なっているか、という問いを立てました。つまり外部報酬と内部報酬の、脳内メカニズムの関係を問うたのです。

これはちょっと裏話ですが、このプロジェクトの発端は、そもそもアンダーセン教授の研究室での偶然の観察にはじまっています。研究員たちが冗談でサルにTVを見せたところ、サルがたいへん喜び、TVがないと要求するまでになったというのです。

この話を聞いた私は、サルにも感覚することそのものの快があると確信しました。週末に座り込んでTVのチャンネルを換え続けている人たちのことを、すぐに連想したわけです（アメリカではそういう人々をさしてカウチ・ポテト＝ソファの上のイモ、つまり寝そべったきりの怠け者、などと表現します）。

私たちは、報酬と意思決定に関わるとされているOFC（眼窩《がんか》前頭皮質《ぜんとうひしつ》）に多電極を挿《さ》し込み、ニューロンの活動を記録しました。サルがジュースを得るために視覚識別を行っているときと、ジュースの報酬なしでただ単にショートムービーを観ているときとで、それぞれ特異的に反応するニューロンを探したのです（サルに見せたムービーは、毎週YouTube からトップ10のムービーをダウンロードして使いました。動物が出てくるムービーや、カンフーなどのアクロバティックなアクション物が、サルは特に好きなようです）。

結果は興味深いものでした。調べたニューロン全体のうち、約五分の三が報酬に応答するニューロンでした。そのうちの約半分がジュースの報酬のみに反応するニューロンだったのは、従来の知見通りでした。しかしそれ以外に、ムービーだけに反応するニューロン、ジュースとムービーの両方に同じように反応するニューロンが、それぞれ四分の一ぐらいずつ見つかったのです。

生物学的な外部報酬のほかに、感覚経験そのものの持つ内部報酬が確かにある。そしてその神経メカニズムは異なってはいるものの、同時に相当程度まで重なっている。そう考えるしかないでしょう。

†反復と変化

音楽の話と視覚文化の話がだんだん混ざってきてしまいました（じつはそれが狙いでもあったのです）。両者に共通する特徴は他にもあります。それは記憶と選好の関係に関わることです。感覚そのものの快を、その生物学的基盤から見るには長い進化の時間軸が必要でした。が、神経学的メカニズムから理解するには、より短い個体内の時間軸で見る必要があります。

ふたたび音楽の例からはじめますが、まだあまりふれてこなかった音楽の特徴として、リズムとメロディに型にはまったパターンを持つこと。しかもそのパターンが反復されるということがあります。ジャズのような即興音楽でも、この点は案外変わりません。またおおまかにいえば、日本古来の音楽や東南アジア、アフリカなどの民族音楽にも共通に見られます。

この反復という特徴は、「音楽はそもそも、生理的な快をもたらす仕組みである」という点と、どのような関係を持っているのでしょうか。なんにせよ感覚刺激の反復は快をもたらすのだ、と大雑把に言ってみたくなりますが、これはいかにも乱暴です。確かにそういう面もありますが、反復しすぎると逆に飽きて不快にすらなることもありますから。


†リメイクやリバイバルはなぜ確実にヒットするか

この点で面白いのは、音楽が実は定型パターンの変化をも伴っていることです。西洋音楽では、作曲の作法はいろいろありますが、メインテーマ（主旋律）のくり返しの後新しい展開に移り、最後にまたメインテーマをくり返す、というのが基本構造のようです。先にふれたジャズは、この点ではむしろ典型的です。邦楽や東洋音楽、民族音楽についてはあいにく不案内ですが、リズムと旋律を併せて考えれば、大筋で反復と変化が基本構造であることに変わりはないはずです。

反復とは言い替えれば、同じ刺激パターンをくり返し経験することで、その刺激パターンのなじみ深さ（親近性）を増すことに他なりません。他方変化とは、新たな刺激パターンを呈示することで新奇な印象を与えることです。どうやらこのふたつの要因が、ひとつの楽曲を魅力的にする構造として働いているようです。

以上は一曲の中身の問題ですが、もう少し長いスパンで楽曲の「はやりすたり」を見ても、やはりこのふたつの要因は重要です。

大ヒットした曲の盛衰を見ると、多少の時間スパンの違いはあってもだいたい似たような経緯を辿ります。大ヒットの後、飽きられてすたれ、ときには一世代近くも経って忘られた頃に、リバイバルでヒットする。さらにまた長いブランクを経て、チャンスがあれば再々ヒット……というような。

どうしてこうなるかということも、親近性と新奇性の観点から理解できると思います。親近性は言うまでもなく、同じ楽曲ですから当たり前でしょう。しかしこれだけだと（親近性はヒットすればするほど増すはずですから）、ピークはそのまま長続きしてもいいようなものですが、そうはならない。十分な間合いを持って、新世代の音楽ファンが参入し、彼らにとっての新奇性が十分な高さに達し得たときにヒットする。その際には、歌手のタイプやアレンジの目新しさも貢献するでしょう。

音楽の歴史にさかのぼって一言補足するなら、西洋の中世音楽でもなじみのある「キーフレーズ」の記憶が重要だったとする見方も有力なようです。

いずれにしても、親近性と新奇性。記憶に関わるこの二要因が、感覚の快を考える上で重要なヒントを与えてくれます。

†親近性と新奇性――赤ちゃんの場合

今述べたとおり、反復とは同じ刺激パターンを繰り返し経験することで、その刺激パターンのなじみ深さ（親近性）を増すことです。他方変化とは、新たな刺激パターンを呈示することで新奇な印象（新奇性）を与えることです。このふたつの要因が、少なくとも楽曲の魅力には重要であるらしい、というところまでわかりました。

そして音楽は言うまでもなく聴覚の快ですが、まったく同じ図式が視覚の快にもあてはまります。

自然の風景写真や物体の色形、抽象的な幾何学模様などさまざまな視覚刺激について、魅力度（その刺激の魅力の絶対的な評価）や選好（ふたつ以上を見較べたときの好みによる選択）を調べた研究は、結構たくさんあります。

まず乳幼児でも、それどころか新生児でも、視覚刺激を見較べ、より面白そうな刺激をより頻繁にまた長く注視する強い傾向を持っています。これを「選好注視」現象といいます。例えば、赤ちゃんはもともと顔を選び好むようにできています（拙著『まなざしの誕生』〈新曜社〉で詳しく紹介しました）。

この現象を利用して、赤ちゃんはなじみ深い刺激を好むか、それとも目新しい刺激を好むかを調べることができます。その結果を大雑把にいえば、赤ちゃんの選好は主に刺激の新奇性に対する反応だということです。事実、乳幼児に視覚刺激を繰り返し与えて選好注視を調べた論文の圧倒的多数が、反復（親近性の増大）による馴化《じゅんか》（選好の低下）と、新奇刺激に対する脱馴化（選好の上昇）を報告しています。

ただしこれらはいずれも、一方的にすべてが「なじみ深い」わけではなくて、ある部分は古くて見覚えがあり、他の部分は目新しい場合がほとんどです。たとえば、複雑すぎる図形の場合で言えば、そのすべてのディテイルを処理するまでは、なじみ深い刺激と言ってもその一部は新しいわけです。

†動物の場合

動物実験でも、まず行動面では、新奇性が好まれるというデータが圧倒的に優勢です。古いものはすぐに飽きられて、動物は新しい刺激を選ぼうとします。

また神経科学的にも、新奇な刺激によって報酬系、特にドーパミン系が活性化されることがわかっています。つまり新奇な刺激はそれ自体が報酬なのです。

動物で親近性選好を示した研究は見当たりません。ただしひとつだけ顕著な例外があります。それは、いわゆる臨界期における「刷り込み」の効果です。

動物は発達初期の特殊な時期（それが臨界期ですが）に経験させられた刺激を一生覚え込み、それを好んで追随したり模倣したりすると言われています。これが刷り込みです。たとえばアヒルの子は、最初に認知した目の前で動くものを（それが仮に人間であっても）以後親として認知し、その後をついて歩いたり泳いだりすることがわかっています（ノーベル賞を受けたコンラート・ローレンツ博士の有名な報告）。

しかし臨界期の刷り込みには特別な神経メカニズムが働いていると考えられますから、これは例外と考えるべきでしょう。要するに動物では、新奇性選好が圧倒的に優勢だということです。

†おとなの場合

ヒトのおとなの場合はどうでしょうか。じつはおとなではもっとあからさまに、親近性を強調する報告と新奇性を強調する報告とが、互いに矛盾するかたちで併在しています。

まず親近性原理を支持する結果として、序章でもふれた「単純接触（単純呈示）効果」があります。どんな対象でも繰り返し呈示され経験すれば、次第に好きになるという効果です。課題に関係なく、受け身の経験でも効果があります。経験の回数が単純に増えれば

（条件にもよりますが数十回ぐらいまでは）、単純に好感度も増大します。また写真、文字、音、実物の顔やモノなどさまざまな対象で起き、それらが混ざっても効果は加算的に起きるらしいのです。たとえば同一人物であれば、その名前を聞く、顔写真や名前を見る、TVで発言を聞く、生で会うなどの効果が蓄積されます（選挙運動などは、まさにこれを狙って行われていると言えるでしょう）。

第一印象が悪すぎるとむしろ逆効果になる（つまりますます嫌いになる）という反証もありますが、概して非常に頑健でどこでも起きてしまう効果のようです。もう一点重要なのは、「見えた」という知覚意識（アウェアネス）がなくても選好率が上がることで、「サブリミナル単純接触効果」などと呼ばれます（拙著『サブリミナル・マインド』参照）。

一方これとは正反対に、新奇なものほど魅力度が高いとする報告も古くからあります。たとえば最近の研究事例では、南カリフォルニア大学のI・ビーダーマンらが自然風景の写真の魅力度について調べ、新奇性の要因を強調しています。彼らの結果では、親近性の要因はほとんど効いていないということです。

彼らは同時に、刺激の新奇性に反応する脳内部位をfMRI用いて探索し、海馬《かいば》後回《こうかい》、紡錘回《ぼうすいかい》などといった側頭内側の部位に活動を見いだしています。ただこれとは別に、写真の魅力度そのものにもっともよく反応する脳内部位を探し、新奇性に反応する部位との比較もしています。その結果、新奇性に反応する部位と魅力度に反応する部位とでは、重なりもあるものの必ずしも一致しなかったのです。このあたりに、新奇性＝魅力的とばかりも言えない神経機構の複雑さが垣間見えます。

実社会でも、車のモデルチェンジや清涼飲料水（たとえば缶コーヒーやお茶）の新製品発売、新しいCMや新曲のリリースなどを見ていると、新奇性要因を無視できないという実感は確かにあります。これらの製品やコンテンツでは、実質的な性能や内容よりも、モデルチェンジの新しさ、キャスティングやパッケージングの新鮮さが売れ行きにモノをいう。そんな経験上のコンセンサスがあるようです。

†親近性と新奇性と予測機能

さて、音楽のような聴覚刺激の場合、赤ちゃんの視覚やクロスモダル（感覚間）の場合、おとなの視覚の場合と、いろいろ見てきました。共通しているのは、古い覚えのある刺激の方が魅力的になるという主張（親近性原理と呼びましょう）と、新しい刺激の方が魅力的という主張（新奇性原理）とが、両方あるということです。言うまでもなくこの両者は論理的な意味ではもろに対立しているのに、です。

このようにあからさまな矛盾があるのに、それを解こうとする研究者が現れないのは不思議です。現れないのではなく、現在の水準からするとまだ手のつけようのない問題なのだということかも知れません。

このふたつの原理の交錯するところ、このふたつの要因の組み合わさり方。そこらあたりに、どうやら感覚の快を決める秘密の一端が隠れていそうです（第3章で、CMの効果やブランドイメージについて考えるときに、もう一度検討したいと思います）。

考えてみれば知覚の機能とはもともと、感覚入力の規則的なパターンを記憶し、その記憶に基づいて次を予測する機能です。しかしそれは一面にすぎず、半面では他とは異なる目立つものやなじみのないもの、変化などを検出する機能でもあります。これらはどちらも、生存や繁殖のために有利なはずです。

たとえば森の中で、獲物を見つけた動物がその後をつけたとしましょう。そのうまそうな獲物の姿が藪の中に隠れたとき、次にどこに現れるか予測できれば有利です。しかし一瞬後に、突然見知らぬ異形《いぎょう》の動物になって現れたとしたら！（そんなことは、実際にはあり得ないでしょうが）。動物はさぞ愕然とすることでしょう。

なぜ愕然とするか。それはそれまでの知覚経験からする「予測」とはかけ離れたものが現れたからです。しかし愕然とはするが、その大変貌を見落としたりするような失敗も犯さないはずです。

その見覚えのない異形のものは、はじめて出食わす天敵かも知れないし、極上の珍味かも知れないし、天変地異の前触れかも知れない。その個体にとってプラスになる出来事かそれともマイナスか、いずれにしても何かとんでもないことが起きている可能性が高いからです。そして将来のためにも、記憶しておく価値が高そうです。

知覚は注意を向けた対象の変化を、わずかでも敏感に検出するのが特に得意なのです。親近性へのチューニングが、新奇なものの検出を助けたことになります。この「新奇なものを検出する」機能は、時間軸上、または空間軸上での「ポップアウト」現象（特に目立つものが「飛び出して」見えたり聞こえたりする現象）と言い替えることもできます。そうです、「地」から「図」が飛び出す仕組みに他なりません。地と図が互いに相手を強調し合うように、親近性と新奇性も相手を強調し合う仕掛けになっています。

つきつめていくと、この世のあらゆるものは親近性と新奇性を併せ持っています。遭遇する状況まで考えれば純粋に同じものというのは考えにくい。逆に一〇〇パーセント細部まで新奇なものだったら、今度こそ知覚できないはずです。

このように親近性原理と新奇性原理とは、（字面のうえでは矛盾しても）知覚の生態学的な機能においては、必ずしも矛盾しないのです。

†内部モデル

なじみ深いものについてよりよく学び、予測できるようにする。そのようなメカニズムは、神経科学では「内部モデル」と呼ばれます。知覚にせよ行動にせよ、次に起きることがよりよく予測できた方が有利ですから、内部モデルの精緻化こそまさしく大脳新皮質の進化のポイントとも言える機能です。

この内部モデルが親近性選好と関係していることは自明でしょう。刺激が親近性を持つこと＝予測どおりであることは、モデルの優秀性を保証し強化するでしょうから。

実際、すでに紹介したとおり、新皮質が比較的未発達な動物や乳児では親近性選好があまり見られず、ヒト健常成人で特に親近性優位になります。これなどもこの考え方を支持しているように思われます。

ところで、予測が外れると「エラー信号」が出ますが、これなしには学習、つまり内部モデルの修正が進みません。そして予測が外れることとは、ただちに刺激が新奇であることに他なりません。学習という目的のために、新奇な刺激を検出することを脳が好むように進化したと考えれば、それこそまさに新奇性選好の基礎となり得るでしょう。

このように内部モデルと学習の観点から見ても、親近性選好と新奇性選好は同じコインの表裏の関係になっているのです。

†ここまでのまとめ

さてこのあたりで、この章のここまでの話を、ざっとおさらいしておきましょう。

感覚の生理的快はどこから来るのかという大問題を巡って展開してきました。音楽は何のためにあるのか、その進化的起源はどこにあるのか、そういう探索からはじまって言語との類縁性を見いだし、しかし同時に違いにも気づきました。

つまり言語の進化の裏街道、情動コミュニケーションに特化した道筋で、音楽は生物学的、神経生理学的な必然として発生したのではないか、と。実際、言語と音楽の神経回路を比較する研究も、それを裏付けていました。言うまでもなく社会集団の増大と複雑化が、その後の音楽の進化に拍車をかけたと考えられます。

神経系の活性化、特に社会脳、情動脳の活動が重要なのではないか。ポーカーの研究に引っかけて、そういうことを言いました。

このような生物学的前提のもとで、あらためて音楽のもたらす神経学的「報酬」を考えるとき、従来の動物の神経生理実験は役に立たないことに気づきます。感覚することそれ自体に内在する快を問題にしなければならないのです。モンキーTVの実験もそれを示しています。

そして感覚することとそれ自体に内在する快を考える上では、経験と記憶の効果がカギとなります。音楽に特有に見られる反復と変化のパターンが参考になりました。

そこから、話は親近性と新奇性の原理におよびました。感覚刺激の選好や魅力度を調べると、不思議なことにこの両方の一見相矛盾する要因が寄与している証拠がある。しかし知覚や記憶、学習と内部モデルなどの検討を通じて、この両者が必ずしも矛盾するわけではなく、互いに補うかたちでひとつの機能システムを形成していることを理解されたと思います。

†潜在と顕在

以上がこの章のここまでのあらましです。結論を急ぐ前に、当然予測されるいくつかの疑問に答えておきましょう。

「好みは親近性と新奇性というような、一般的要因だけで決まるのか。もっと文化とか風俗とか流行とか世代のアイデンティティとかエスニシティとか、そういう社会学的レベルの要因が大きいのではないか。それにもちろん、個人の好みも」。まずありそうなのは、こういう疑問です。

これには同感です。ただそれらはおおむねモード雑誌や社会学、比較文化学などで相手にしている「表層の」つまり顕在的な事象です。ここではより深いレベルで選好や選択を決めている根幹に的を絞りたかったのです。それともうひとつ。心の潜在過程、とりわけ情動系に注目するというこの本の狙いからいけば、感覚経験の快の進化生物学的来歴を問う方が的を射ていることに同意されるでしょう。そして記憶の関与が、個人の好みを説明します。

関連して、「この章の前半の感覚の快の進化的起源という話と、後半の親近性／新奇性の話のつながりがわかりにくい」という御意見もありそうです。もしそうなら、これは筆者としての不手際ですが、簡単に二点でお答えします。

まず第一に、快の進化的起源の話は、長い歴史的タイムスパンでヒトという種の特殊性に関わる問題提起だったこと。これに対して親近性／新奇性の話は、個人が過去にした感覚、知覚経験が、現在／未来の選好にどのような影響を及ぼすかという短いタイムスパンでのお話でした。生物進化上の話とひとつの脳の中身の話、と対比することもできます。

その上で、じつは感覚新皮質の新たな進化の方向が、このふたつの時間スケールをつなげるかたちで、現代文化を特徴づけ、近未来を予測します（この点はまだ少しわかりにくいでしょうが、これから述べる結論部は、まさにこの点を巡って展開します）。

もうひとつ、親近性／新奇性の話と、顕在／潜在認知過程の話はどう関係するのかという質問も出そうです。なので、この点についてもひとこと。

新奇性原理は、主に顕在認知過程で働きます。少なくとも、そう推定できる根拠があります。たとえば新奇なものは多くの場合「目立つもの」となり、「注意を引き」ます。つまりは意識に昇るということです。日常会話でも「目覚めるような」「斬新な」「切れ味鋭い」「瞠目の」「奇抜な」などの表現は、新奇性が注意を引くというニュアンスに近いと思います。

他方、親近性原理は、顕在過程よりは主に潜在過程で働くと考えられます。その最大の証拠は、先にも少しふれた「サブリミナル単純接触効果」でしょう。呈示時間がきわめて短かったり、他の刺激でマスク（抑制）されて「見えた」という自覚を生じさせない刺激であっても、くり返し呈示し無意識に経験させれば、選好率が上昇することがわかっています。

実際、なじみ深さはたいてい「どことなく」「そこはかとなく」「なんとなく」という感じを伴っています。なかば以上潜在的だからこそ、明確に「どこが」ではなく「どことなく」なのでしょう。故郷の町に久しぶりに戻ると、まずはすぐさま懐かしいのであって、具体的にどこがどうというのは、後から観察してあれこれ出ている感想です。

というわけで私たちは再びここで、新奇性原理と親近性原理が矛盾しないことに気づかされます。おおざっぱに顕在領域と潜在領域とに棲み分けている。それと同時に顕在過程が潜在的で無意識過程に深く根ざし、この両レベルが相互補完的なかたちで心の経験を生み出していることも理解するのです。

ただし私はなにも「なじみ深さの効果は顕在レベルでは一切起きない」と言っているのではありません。それどころか単純接触効果の証拠とされるものの大半は、閾上《いきじょう》の（つまり意識に昇る）刺激を使って得られています。顕在化する刺激も、まず潜在過程で処理されなければ意識に昇らないことを考えれば、これは不思議ではありません。同じことは新奇性についてもいえるわけで、新奇性が顕在レベルで働くためには、それに先立つ潜在記憶の過程が前提にあるわけです。

†感覚皮質の「暴走」仮説

さて、感覚の快はどこから来るのか。親近性と新奇性とがともに選好や魅力に寄与することは、何を意味しているのか。そうした問題に深いレベルで答える準備が、ここでようやく整いました。

すでにふれてきたように、内部モデルを使って次に起きる結果を予測し、それを確認することで親近性の感覚が得られます。次に起きることを正確に予測することは、明らかにサバイバルや繁殖にとって有利に働くでしょう。感覚皮質を中心としてヒトの大脳皮質が急速な進化を遂げたのも、一面ではそれが淘汰圧として有利に働いたからだと考えられます。結果として、ますますそのような機能が増幅されたはずです。

こうして結果を予測することを学習し、それを実際の場面で活用することで現実に餌にありつけたり、繁殖のパートナーを得る。そんなことが、私たちの先祖には確かに何度も起きたはずです。ただここまでの話ならまだ、前に紹介した心理学の古典的な「報酬」学説で十分説明できます（というのは、実際に外部の「報酬」を得ているわけですから）。

一方、新奇性の方はどうでしょう。予測とちがう、あるいは今までとはちがう、まわりとはちがう、特異なものをめざとく見つけることは、これも生存や繁殖にたぶん有利に働くだろうと考えられます。前にも一言述べたとおり、新奇なものは高い確率で価値が高い（またはリスクが大きい）と考えられるからです。

さらに新奇なものを見つけることは、予測のエラー信号を得ることであり、学習に貢献します。そこで感覚皮質を中心とした大脳皮質は、ますますそのような機能を増幅させていきます。私たちの先祖は、その機能のおかげでたびたび「望外の」報酬を得たり、意想外の危機から身を守ったりできたはずです。

さて、問題はここからです。

このような両面の機能がさらに進化してゆくためには、親近性や新奇性を持つ刺激そのものを快と感じるタイプの脳の方が、都合がよいのではないでしょうか。というのは、そういう脳はもともと生存に有利なこの両面の機能を常にフルに活用させ、さらに生存率、繁殖率を上げるでしょうから。新奇な刺激ほど当然学ぶことは多い。しかし親近性のある（つまりよく出会う）刺激ほど、学んだことを将来利用できる可能性はたいてい高いのです。

進化はいったん方向を定めると急速に速度を上げ、極端な状態に至ります。これは長い進化の歴史の中では案外ありふれたことで、序章でもふれたように、進化の「ランナウェイ（暴走）」なんていう名称まであります。かのダーウィンの指摘どおり、雄鹿の大きすぎる角や、ライオンのたてがみ、クジャクの雄の派手な羽根などはそのよい例です。生存にとってかえって不利になりかねないところまで、進化が暴走してしまったのです。

脳はこうして、親近性、または新奇性を持つ感覚刺激を極度に好む性質を獲得したのです。この説を「感覚皮質の暴走仮説」と呼んでみたいと思います。

†切り離された凧《たこ》のように

この場合、個々の感覚刺激がその都度「外部の報酬（たとえば食物、飲物や異性）」の獲得（または外部からの危機の回避）に直結している必要はありません。親近性や新奇性を好むことが、一般に生存や繁殖に有利でありさえすればいい。

ここがじつは肝心な点で、従来の考え方と大きくちがう点です。つまり最初のうちは親近性と新奇性はその都度、外部からの報酬によって学習され、強化されてきた。だが大脳新皮質の急速な進化に伴って、あるとき外部の報酬から切り離され、それ自体の報酬価値を獲得したのではないか。そういうシナリオです。

このあたりの議論は少しわかりにくいかも知れません。直感的な比喩としてファッション、モードなんかはどうでしょう。はじめは当然なんらかの機能を持っていたリボンやフリル、ボタン、ネクタイなどが、それ自体の感覚的魅力から本来の機能を忘れて、グロテスクになるすれすれまで誇張されていく。あるいは軍隊や役所がいったんできると本来の任務を超え、ニーズからかけ離れたところで自己の存在を主張し際限なく増殖をはじめる。そう、切り離された凧のように。

こういう例とよく似ていると思います。世の中にはこうしたことが案外よくあるものです。そして種の進化シナリオは、（序章でもふれたとおり）こういう「機能の乗っ取り」だらけだと言われています。

この感覚皮質の暴走仮説には、間接的ながら神経生理学的証拠もあります。もし以上のようなシナリオで、感覚が本来の目的であったはずの「外部からの快」を離れ、それ自体の快を獲得したと仮定します。だとすれば脳内の報酬系、つまり報酬や快を検出し、それによって行動を調節する系とは別に、感覚皮質の内部にも報酬を司るメカニズムが芽生えてもよさそうなものです。

事実、サルの脳でそういう証拠があがっています。オピオイド（俗に「快楽物質」とも呼ばれる脳内物質＝神経伝達物質の一種）のレセプタ（受容体）が、視覚経路に広く存在しているのです。とりわけ μ（ミュー）タイプと呼ばれるレセプタは、視覚情報処理が高次のレベルに進むほど、その濃度が高まることがわかっています（M・ルイスらによる研究）。

これは当然、サルやヒトにおける視覚刺激の情動によるフィルタリング、あるいは選択的注意に関わっていると考えていいわけです。

†フォト・リアリズム

外部の報酬の有無にかかわらず、脳が感覚そのものの親近性、新奇性に反応するようになる。この点を捉えて今「切り離された凧」と表現しました。その「切り離し」の瞬間を反映しているように見える系譜が、二〇世紀絵画史の中にあります。

ポップ・アート最盛の六〇年代米国に発し、七〇年代には欧米を中心に世界中で流行したフォト・リアリズムの流れがそれです。別名スーパー・リアリズムとも言います。次ページの実例を見てください（http://www.allposters.co.jp/などを参照）。写真と見まがうばかりですが、あくまで絵筆で描いたペインティングです。

図9の「ダイナー」では、床のテーブルの光沢のある面や金属の反射光などが、光源とともに遠近法の中に見事に描き込まれています。また、図10の「イチゴのタルト」にかけられたシロップが光り輝き、したたり落ちる様子に思わずよだれが出ます。

写真が普及した後になって、どうしてこのような超高精細の写真まがいの絵画が流行したのでしょうか。その細部を仔細に調べると、写真とまったく同じというわけでもありません。細部で特定のエッジや色だけを誇張してあり、そのレベルであれこれの試行錯誤が行われて、その結果「写真以上のリアリティ」を生むに至ったのです。

最近の印刷技術やTV画像では、エッジやコントラストのシャープさが強調されています。デジタルカメラの場合には、エンハンス（誇張）機能がついています。こうした例を考えればわかりやすいでしょう。これらのテクノロジーは、フォト・リアリズムのアーティストたちが試行錯誤で編み出した手法を、技術化し誇張しただけとも言えます。

視覚皮質の神経細胞は、こうしたエッジやコントラストの検出器、増幅器として働くことがわかっています。フォト・リアリズムの技法はそうした神経情報処理を促進するので

図9　R・ゴーイングス「ラルフのダイナー」

図10　O・フラック「イチゴのタルト」

す。しかもそれによっておそらく、親近性と新奇性が同時に高められています。フォト・リアリズムは、感覚皮質が切り離され、暴走しはじめる瞬間のスナップショットなのです。

†現代文化のリアリティ

感覚皮質の暴走仮説を前提にして、現代文化をあらためて見直してみましょう。現代を「現実感喪失の時代」と捉える論調があります。バーチャル情報技術の隆盛を見れば、またTVゲームで育ったこどもの異常犯罪が話題になったりすれば、無理からぬ話だとは思います。だがこれは、半面の事実を見落としています。

物理的な世界が私たちの周囲で稀薄化するのとは裏腹に(むしろ、そこから必然的に?)、感覚そのものの自立化、実在化とも言うべき現象が進んでいます。

音楽だけではなくコミック、アニメ、CGを用いた特撮、ゲームなどでも同じです。「セカンド・ライフ」もこの流れでしょう。視聴覚の世界で、感覚それ自体を追求する態度が、若い世代の間で先鋭化しています。

かつてひとびとの現実感覚やロマンスへの憧れのリアルな表現だったはずのTVドラマが、今日「非現実的な」コミック化している有様といったら。しかしもちろん、この「非現実的な」という評価そのものが的外れか、少なくとも古すぎるのでしょう。

神経科学的な表現を敢えてするなら、「脳内を活性化するものこそもっともリアル」という割り切った感覚刺激の追求です。さらに「物理的な現実味とは関わりなく」とか、「実際の社会的きずなとも関係なく、社会脳を刺激さえすれば」などとつけ加えることもできます。

そのうえ新しい世代は、刺激を供給する側も享受する側も、その方法論に半ば以上自覚的であるらしいのです。前にふれた「ポーカープレーヤーの脳活動」や「モンキーTV」の話を思い出していただければよいでしょう。だからこそ、コミック化した非現実的な画面やストーリーが、今やもっともリアルなのです。

何が現実的であるか、何がリアリティを持って人々に訴えるか。それは疑いもなく時代によって変化します。それはあくまで脳神経系の調節と活性化を介してだと、言わずもがなですが敢えて言いたいのです。

†リアリティの神経増幅？

こういう考えは何も若者文化の特権ではなく、現代社会全体の傾向だと思います。「脳内を活性化するものこそもっともリアル」という考えを別の面から見れば、リアリティを脳内で人工的に増幅することと言えるでしょう。教育や治療の現場にもその兆候は見られますが、ここでは話をアートやエンタテインメントに絞ります。

リアリティを脳内で増幅するには、神経活動を最大化しなくてはならないはずです。それにはいろいろな方法があり得ます。まずは、複数の感覚メディアを動員すること。ラジオからTVへの移行は古典的な例ですが、マルチメディアは触覚や運動感覚、ときには触覚や嗅覚まで動員しようとします。

社会性の脳内チャンネルを開くこと。ポーカーの実験例でも述べましたが、ゲームの対戦様式やロールプレーイングなどの中身まで考えれば、この志向はすでに現実のものです。

それから、感覚系だけでなくて運動系にまで訴えること。インタラクティヴのゲームなどはその代表です。最近のヒット製品で言えば、任天堂の「Wii」というのがそれにあたります。感覚に連なる運動のレパートリーを拡げた点がユニークでした。

そういえば、スポーツ、特に格闘技なども隠れたブームですよね。こどもの身体離れなんていうことが一方でいわれているのに、これはどうしたことか。格闘技ゲームやカンフー・ムービーの大流行に、その秘密が露呈しているように思います。つまり一方で過激な身体運動を拒否しつつ、一段抽象化したり、指先に限局された暴力的な身体運動性には、逆に惹かれていくのです。

少し角度を変えて、潜在と顕在の両方に訴えること。あるいは記号／言語系と情動系の両方に訴えることなども「リアリティを脳内で増幅する方法」と言えそうです。歌などはさしずめ、この方法論にぴったりの回答と言えましょうか。だがそれ以前に、少々効率は悪いが小説などというものもあったのです（冒頭で紹介した、紅白歌合戦ゲストの女流作家発言！）。

そしてあらためて言うまでもなく、反復と変化。この章で俎上に載せた音楽を別にしても、これは選挙とか政治宣伝、それとCM、TVドラマやシリーズもの商品などで、代表的に見られる戦略です。私たちの研究プロジェクトで、ロングヒットになったシリーズ物CMの分析をやっていますが、たいへん興味深い点がいろいろあります。第3章であらためてふれますが、そこで起きていることは、（意図したかどうかは別として）明らかに反復と変化の組み合わせなのです。

†ニューラル・ハイパー・リアリズム

物理世界に端的に近い描写を選ぶ古典的なリアリズムと対比させて、情動脳、社会脳を含む神経系全体の活性化をめざすこのような大きな潮流。これを「ニューラル・ハイパー・リアリズム」と呼んでみたいのですが、どうでしょう。こうした操作の自覚化、産業化こそが、現代社会の大きな特徴です。

どちらかと言えばここまでの話は、現代社会の人工的で過剰なカルチャーを捉えるのに終始してきました。が、このニューラル・ハイパー・リアリズムの射程はそこにとどまりません。たとえば、感動、はどうでしょう。

情動系、社会系をはじめ感覚系、記憶系、運動系など、様々な脳内システムを一気に活性化するのが感動の新定義だ、と、こう言ってみたら。そういう人工的なのは本当の感動ではない、太古以来の自然に接したり、人の素朴な情に接したりしたときの感動こそ本物だ。たちまちそういう反論が聞こえてきそうです。

だが残念なことに、この反論はまさに議論の眼目を見落としています。なに、そういう太古のヒトの脳だって環境の刺激に対して最適に鋭敏化していたはずです。現代社会の環境への適応も、その同じ脳の生物学的機能の延長に過ぎません。現代文化の危険性を論ずるにせよ、この認識が大前提となります。

いずれにしても進化の暴走と同じく、この新しいリアリズム運動は動き出したら止まりません。だいじな根っこから切り離されて、凧のように舞い上がって行ってしまいます。私たちは、どこまで流されていくのでしょうか。

たとえば、TVアニメの刺激で七〇〇人以上のこどもが痙攣《けいれん》発作を起こし病院に担ぎこまれた「ポケモン事件」（一九九七年一二月）。次章でもとりあげますが、ああいう事件を見ると、危険と背中合わせなのではという危惧も抱かずにはいられません。

現代の感覚文化は、危険で刺激的なエッジへと加速度的に突き進んでいるように見えます。

第2章 刺激の過剰

現代人の生活が、昔の生活と一番違うのはどこでしょう。

もちろん較べる「昔」がいつかにもよるでしょう。仮に、数百年から数十年前、と設定したら。いろいろ答えはあり得るでしょうが、知覚心理学や認知神経科学の立場から見ると、感覚刺激の過剰という点が大きいように思います。

そこでここでは、この「感覚刺激の過剰」の中身を少し詳しく調べて、それが現代人の脳と心をどう変えたのか、近未来に何をもたらすのかを考えてみましょう。前章の最後で導入した「ニューラル・ハイパー・リアリズム」を、少し別の角度から検証することにもなるはずです。

一口に感覚刺激の過剰と言っても、少なくとも次の六種類ぐらいに分けられます。

① 感覚刺激の絶対量、総エネルギーの過剰
② 変化や、動きの過剰
③ 速度の過剰と、上限の突破
④ 情報量の過剰
⑤ 多元化、同時並行チャンネルの過剰
⑥ 選択肢の過剰

順を追って具体例を挙げますが、少しくどくなるかも知れません。わかりきっていると思う方は適当に読み飛ばして、その先に注目してください。

†絶対量の過剰

まずは光量、音量が全然違うのです。

私は二十数年前に留学のため初めて米国にわたり、ナイトフライトで米国大陸を横断しました。そのとき上空から見た、東海岸の都市部の数珠《じゅず》つなぎの輝きに感動しました。また後に、夜通し煌々《こうこう》と輝くラスベガスを上空から見た時も、そのまばゆいばかりの光量に圧倒されたものです。

それ以降、いやそのずっと以前から、現代人の生活の中の光量は増えることはあっても減ることはなく、いまや昼夜を分かたず覆い尽くそうとしています。卑近なところでは、駅や商店街でも朝まで灯火がつき、しかも新しいものほど明るいのです。ネオンサインと広告ディスプレイ、デパートやモールの照明、そしてパソコンやゲーム画面、などなど。

田舎に行くと、夜の暗闇の中でコンビニだけが光り輝いて、ちょっと異様な感じさえ受けます。最近は規制の動きもありますが、主にエネルギー、エコ関連の動機によるもので、ライフスタイルそのものが後退することはなさそうです。

都市の騒音、背景音も拡大しています。

パチンコ屋の騒音はずいぶん昔からです。機械自体の出すジャラジャラという景気の良い音、それにプラスして背景のこれも威勢の良い音楽。大昔は軍艦マーチ、少し前なら都はるみ、今は……パチンコ屋に入らなくなったので知りませんが。

派手な音が射幸心をくすぐり、気が大きくなってつい財布のヒモを緩める結果になるということは、業界が長年かけて学んだ知恵なのでしょう。実際、ラスベガスや世界中のカジノがまったく同じ手段、つまり過剰な光量と音量を使っているのは、偶然とは思えません。

そしてこれらの過剰な光と音は昼夜の区別なく、ものによっては二四時間休みなく続きます。刺激の絶対量の過剰には、こういう時間的な過剰が言うまでもなく含まれます。

それと、音楽やCMのますます過大になる音量。これも議論の余地はないはずです。ティーンエージャーたちは満員電車の中でも勝手にヘッドフォンの音量をあげ、TVをつければCMのときだけ露骨に音のボリュームが上がっています。

†過剰とストレス

ここで簡単に、実験室サイドからの知見を付け加えておきます。

ストレスの及ぼす影響を研究する動物実験というのはたくさんありますが、そこで「ストレス条件」と言われるのはどういう条件か。典型的なのは二種類あって、ひとつは過剰な労働を強いるものです。たとえば、回し車を何百回も回さないと生存に必要なエサや水をもらえない、とか。

そしてもうひとつがこの過剰な感覚刺激です。たとえば遮蔽物も何もない環境で二四時間過剰な照明に晒《さら》すとか、コンスタントに過大な音量のノイズに晒す、などの方法がよく使われます。このような環境に晒された動物では、いわゆるストレス起因性の病気、たとえば胃潰瘍などが出やすいことがわかっています。

またバイオリズム（生体時計）の研究でも、生体の自律的な日周期を実験的に狂わせるために、特に過剰な照明が不可欠の操作となります。

つまりここで言っておきたいのは、現代人の生活環境が、動物実験で言えばストレス過重やバイオリズムを狂わせる実験操作に酷似してきているということなのです。

†変化や、動きの過剰

単に光量だけではありません。中身の色と動きの変化もあります。音にしても、ダイナミックに変化する、その変化の度合いが全然ちがいます。

密集して歩き回る群衆、動き、止まり、また動く車の列と立ち上る騒音、カラフルな衣服やネオンサイン、文字の流れるディスプレイ、そしてたまに上空には飛行機やヘリコプター、飛行船。ごていねいに巨大なディスプレイを駅ビル近辺に据え付け、そこからさらにバーチャルな動画と騒音を垂れ流している場所も少なくありません。

動画、映像というものが簡単に作れず、ましてや車や鉄道のような文明の利器がなかった時代には、環境風景がもっとずっと静止的だったと思われます。音響環境にしても同じで、より静寂かつ変化に乏しかったはずです。四六時中せわしなく携帯の画面を覗き、着メロ、着画、着ムービーの類いがそこに溢《あふ》れている現代人の感覚世界は、ますます動きや変化の激しいものになりつつあると言えるでしょう。

†動きに反応する細胞

脳神経科学の立場から言うと、動きのあるものほど総じて神経細胞をより発火させる(=活動させる)ということを指摘できます。

たとえば目で見る運動に関して言えば、視覚神経経路の上(先)の方にMT野と呼ばれる部位があり、そこにある神経細胞は動くものにだけ反応することが知られています。それも特定の方向への動きに対して選択的に反応するのです。さらに驚くべきことに、このMT野の細胞の一部は音の動きや、動きを示唆するシンボリックなサイン、たとえば全力疾走する走者や車の漫画などにも同じように反応します。

その上、無視されがちな事実ですが、神経情報処理のもっと低次＝初期のレベルを見ても、この動きにより反応する性質は同じなのです。

たとえば視覚皮質一次野は、大脳皮質における視覚情報処理の入り口に当たる部分です。その神経細胞を見ると、その大部分は特定の方向を持った線分（明るさで定義されたエッジ）に選択的に反応することが知られています。ただこれらの細胞はいずれも、静止した線分より動く線分に対してより激しく発火するのです。

聴覚や触覚など他の感覚に関わる細胞も基本的には同じです。たとえば聴覚皮質の細胞は定常音が長く続けば神経活動は低下し、変化に対しては鋭敏に反応して再活性化します。

†速度の過剰

現代社会は動く刺激に満ちています。同時に、スピードの問題もあります。速度の過剰が、感覚刺激の過剰の第三の項目です。

たとえば東京とニューヨークと香港とで何が共通しているかと言えば、人々が神経症的に速くしゃべり、速く歩くことでしょう。ウディ・アレンはこの「神経症的なニューヨーカー」をさりげなくコミカルな表現で捉えて成功しました。このように人々の交流の速度が高まり、CMや映画、音楽などがそれをスタンダードとして製作されるようになると、言うまでもなく単位時間当たり脳に流れ込む刺激の総量は、等比級数的に増大します。

これも誰が意図して始めたというわけではなく、自然発生的にそうなった。周囲が速く歩き、速くしゃべるからついこちらもそうなる。相手もそれを見聞きして……という循環が起きたと考えられます。

余談になりますが、私の経験の範囲だと、学界などはそのカリカチュア（誇張した漫画）です。学界発表などの時間制限というのは何しろ厳しく、一分の延長も許されない場合がほとんどです。時間オーバーするとベルが鳴り、三分もオーバーすれば文字通り引きずり降ろされたりする。

そこで私たち研究者は、時間内のスピーチにできるだけたくさんの情報を効率良く詰め込む訓練を、くり返し受けることになります。研究者同士のインフォーマルな意見交換でも、条件は緩いが本質は一緒です。かくのごとく早口の立て板に水のようなしゃべりが職業病になって、日常会話までそうなってしまうのです（私自身はその悪しき実例！）。

ビジネス上のトークやプレゼンテーションの時間制約、TVやラジオの番組、CMの厳しい時間制約などあれこれ考えると、社会全体が、学界と似たような制約条件とプレッシャーのもとで、似たような加速度化を遂げつつあるように思います。

†速度の上限？

さて、ここらで一度立ち止まって、この加速度化の問題から考えてみましょう。いったいどこまで加速度化するのか、どこかで歯止めがかかるのか、気になるところです。このままではどんどんせわしなくなり、余裕もうるおいもないコンピュータのような生活が私たちを待っているのではないか。そういう不安を持つ人は多いでしょう。もっともそういう不安は何も今にはじまったことではなく、チャップリンが『モダン・タイムス』（一九三六）で表現した不安の延長線上にあるのでしょうけれど。

しかし同時にまた、人間の脳の情報処理スピードにはおのずと上限はあるのだろう、どこかで自然に歯止めがかかるだろうと考える人も多いはずです。楽観派はたいていこの部類だと思います。

だが、私はこの「上限」という言葉に引っかかります。結論を先取りして言えば、脳機能の限りない可塑性＝柔軟性と文脈（状況）依存性を考えると、事態はそんなに単純ではないと思います。いや、なにも人間の認知能力に上限があること自体を否定しようというのではないのです。ただその上限が、与えられた文脈や課題、神経系内部の条件にかかわらず固定されているという考えに疑問を呈したいのです。

†反応の速さをめぐって

具体的な研究例を挙げます。

私たちの「潜在脳機能プロジェクト」関連で、次のような実験が行われました（池田華子、渡邊克巳らによる研究）。まずはごく単純な検出課題で、それぞれの被験者の反応潜時（RT）を測ります。たとえば、画面上の固視点（光点）を目を動かさずにじっと見つめていて、その色（あるいは明るさ）が突然変わったらなるべく速くボタンを押す。それだけの単純な課題で、ボタン押し反応の遅れ時間を計測します。言ってみれば、個々人のベスト（最短）記録を測定しているわけですね。これを基本課題、基本成績と呼びましょう。

この実験の第二段階では、背景に課題と関係ないムービーを入れます。ムービーと言ってもバイオ（ロジカル）モーションといって、数個の光点の動きだけで、人間の歩行やダンスなどの動きを表現するものです。ちょうど肩や肘、膝などの関節にランプがついている人間が、暗闇で走ったり踊ったりしているように見えるわけです。図11を参照してください（実際のムービーを見た方がわかりやすいので、巻末の引用・参考文献で、デモが見られるウェブサイトを挙げておきました)。

ここで被験者には「背景の動きは無視するように、固視点の色変化を検出する課題だけになるべく集中して、ベストを尽くすように」とだけ教示します。またバイオモーションムービーには、人の自然な動きに見える基本条件の他に、ばらばらにしてランダムに組み合わせたスクランブル条件などを設定します。この後者の条件は、細かい部分は人の動きムービーと同じなのに、全体としてモノの不自然な動きにしか見えません。

さらにその上で、これらのムービーの速度を低速／中速／高速と切り替えて実験します。それぞれの条件（たとえば自然な動きで低速の条件、など）で、検出の反応潜時を測るわけです。

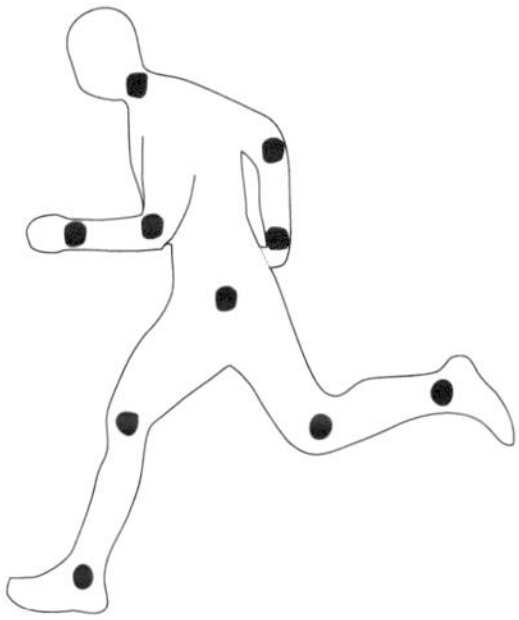

図11　バイオモーション

†周辺刺激の影響

少しこみ入ってしまいましたが、だいたいどんな結果になったと思われますか。

まず注意していただきたいのは、この背景ムービーが課題とは関係ない、いわば邪魔な刺激（干渉刺激）だということです。だからもし被験者が完璧で、この邪魔刺激を完全に無視して検出課題に集中できるなら、背景ムービーのない最初の基本課題のときと同じぐらい速くボタンを押せるはずです。しかし完全には無視しきれず、邪魔刺激の干渉を多少なりとも受けるとすれば、反応潜時は遅れるという予測もおおいにあり得るでしょう。実際それに類する結果も、多々報告されています。

結果の一部は、これに沿うものでした。かなり広い条件の範囲内で、次の二点が観察されました。まず第一、反応潜時が背景ムービーの速度上昇に伴って縮まりました。つまり邪魔刺激を無視できなかったうえ、その速度の影響を直接受けたのです。しかし最も驚いたのは、高速で自然な動きの条件で、大部分の被験者が基本課題の成績を上回ってしまったことでした（つまり背景ムービーがない基本条件と比べて反応がより速く、反応潜時が短かった）。

†速度の感染

この結果は、言うまでもなく、先の「上限」に疑問を呈しているわけです。

初めの基本課題は、考え得るもっとも単純な（周りからの干渉のない）課題ですから、これでそれぞれの被験者のベスト記録＝「上限」が測られたと考えてよいはずです。ところが背景に課題と関係ない邪魔ムービーを呈示すると、それがヒトの自然な体の動きである場合に限って、課題に対する反応のすばやさが背景ムービーの速さに引きずられるかたちで変化した。そして一番速い条件では「上限」を簡単に破るパーフォーマンス（基本成績より短い反応潜時）を示したのです。

この結果が「課題に関係ある、ない」というモノの考え方の限界を示すと同時に、「上限」なる固定した値があることにも疑義を差し挟むことは明らかでしょう。皮肉なことに、このふたつは認知科学、行動科学を引っ張ってきた歴史上の大前提でもあるわけですが。

お察しの方もおられるでしょうが、この実験はそもそも、先程述べた都会人の行動に関する素朴な観察から発想されたものです。つまり東京やニューコークに限らず、都会人は田舎の人よりも明らかに速く歩き、速くしゃべっているという観察です。あれはなんなのか。渡邊博士と私のそんな何気ない会話から、はじまったのです。

周り環境の速度が無意識のうちに「感染した」ものと考えるのがまず自然でしょうが、「周り環境」とは何なのか。単なる物理的な光、音の刺激もさることながら、「周囲の人々のふるまい」の影響がより大きいのではないか。ヒトが本質的に社会的な存在だというならなおさら。そこで渡邊博士らは、バイオモーションを背景ムービーに用い、ヒトらしい自然な動きとそうでない場合を比較するというアイデアを思いついてくれたのです。

†上限の突破

この速さの感染という点に関して、逆に「遅くできる」とする証拠もあります。たとえば社会心理学者バージは若い大学生の被験者を集めて、次のような実験をしました。まずお年寄りに強く関連した言葉（「白髪」「しわ」など）を使ったダミー実験を行い、「年寄り」のステレオタイプを活性化する（プライミングといいます）。その後、学生被験者たちの行動を、ビデオで隠し撮りして観察する。たとえば実験終了後、帰るために被験者がエレベータまで歩いて行く様子を記録するなど。

その結果、プライミングで活性化されたお年寄りのイメージが、若者の直後の行動に影響を与えていることがわかりました。お年寄りのステレオタイプを活性化された被験者は、（そうでない統制群の被験者に較べて）前屈みになってゆっくり歩き、他の動作も遅くなる傾向があったのです。

というわけで、無意識的な速度の操作は両方向で可能だったわけです。が特に「上限」がこのように簡単に破られたことは、ヒトの能力というものが状況や文脈に依存して変わる、柔軟なものであること。固定した値では捉え切れないものであることを、雄弁に物語っています。その上（この実験では扱っていませんが）、「上限」はモティベーション（達成動機）によっても大きく変わります。

たとえば俗に火事場のなんとやらと言うとおり、歩けない老人が走って逃げたりするのがそれです。これは老人が普段「歩けない」と偽っていたわけではなくて、「普段の状況」という文脈では、それが正真正銘の上限だったのです。

ここでの話の筋道としてより重要なポイントは、「文明生活は加速度化するが、そろそろ上限に達して自然に止まる」という楽観派の考えが危ういということです。これらの実験や観察は全体として、その危うさを示していると思います。

さらにこの「上限」という言葉の孕《はら》む問題は、何も知覚、行動の速度のことだけに限りません。冒頭から述べてきた光量や音量、動きなど感覚刺激のすべての側面に当てはまると思います。つまり何が「心地良い」音や映像の限界なのか、または堪え得る限界なのか。音の大きさや映像の動きの激しさの「上限」もまた、そう簡単には決められないと思うのです。

だとすると、そのようにあらかじめ決められた上限で自ずと歯止めがかかるのではなく、より強い刺激、よりスリルのあるスピーディな状況を求めて文化が暴走してしまう、そして本当の意味での生理学的な「破断点」を超えてしまう危険性も、原理的には否定できないということにならないでしょうか。

†ポケモン事件

前の章でちらりとふれた「ポケモン事件」にしても、このような上限との関わりで捉えることができます。

業界の人に訊くと、もともとアニメ業界は限られた予算と技術の中で、いかにこどもたちに好まれるかの勝負だといいます。こどもの感じるスリルや快が、仮に神経系の活性化と関係があるとして、その活性化にいかに効率的にトリガーをかけるか。それを視聴覚刺激だけでやらなくてはならないのです。

アニメ産業に関わる末端の業界人が——科学的な理論や医学的配慮とは無縁のところで——一方的に試行錯誤をくり返したことが、神経科学や医学の常識が考える「上限」を突破するところまで行ってしまった。そうした事例と考えることができると思います。

私たちの研究室でもこの事件に触発されて、視覚フリッカーの神経系の刺激特性や光過敏性発作に関わる側面について、一連の研究を行いました（P・ドゥリュー、R・セイルズ、J・ブハタチャルヤ、渡邊克巳らとの共同研究）。

その結果をかいつまんで言うと、まず健常成人の瞳孔反射で見ても、従来言われていた白黒のハイコントラストのフリッカーよりも、赤緑（標準的なディスプレイでいえばむしろ赤青）の方がより刺激的であること、また五―一〇ヘルツあたりがもっとも過剰な刺激であるらしいことがわかりました（図12参照）。図の左は静止、右はフリッカー刺激に対する瞳孔反応を示しています。

瞳孔の縮小（縮瞳反応）は一般に過剰な光刺激に対する防衛反応と考えられますが、その縮瞳反応が赤青の五―一〇ヘルツあたりで最大となったのです。これは事件のときアニメの背景に呈示されていたフリッカーとほぼ重なる特性でした。そこで十代の光過敏性患者の瞳孔反応を見ると、特に投薬を受けていない患者では縮瞳量が小さかった（＝防衛反応が小さかった）のです。つまり赤青フリッカーの五―一〇ヘルツあたりが、患者にとっても健常者にとっても一番危険で刺激的だということです。

またＭＥＧ（脳磁場計測法）を用いて、健常者のフリッカー刺激に対する神経反応を計測しました。まずフリッカーに対する後頭視覚野からの反応は、一秒ほどかけてゆっくりと立ち上がり、そ

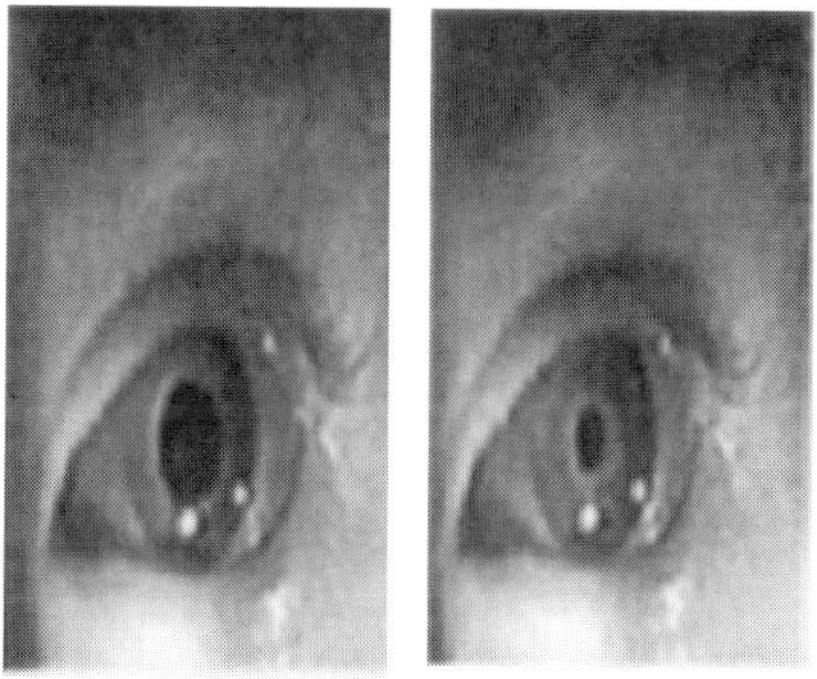

図12　左：混色／静止刺激の場合、右：赤／緑青のフリッカー刺激の場合の瞳孔反応

の後前に向かって広がります（赤／緑青という二色間のフリッカーの場合は特に）。一方それよりも早く、フリッカー刺激のオンセットから四分の一秒ぐらいで立ち上がる左頭頂後頭／頭頂側頭付近の反応が見いだされました（図13参照）。

これは文献にもあまり記載されていない未知の成分です。何よりも興味深いのは、この反応成分が、後の後頭視覚野の反応と逆相関を示したことです。つまり、この早い成分が大きいほど、後の視覚野の反応が小さいという関係があったのです（図14参照）。

これは何を意味するでしょうか。この早い反応は一種の防衛メカニズムの作動を反映しているのではないか。健常者ではその作動のおかげで、後の視覚野からの反応が脳内全体に広がりにくい。これに対して患者では、この防衛メカニズムが弱いために過剰な神経活動が脳内全体に向かって広がり、これが痙攣発作を起こす原因となるのではないか。あくまで推測にすぎませんが、そんなシナリオも描けるわけです。

他にもMEGデータのカオス解析から、患者の脳の光フリッカーに対する反応は、いくつかのチャンネル（電極の頭皮上の位置）できわめて特異的であることもわかりました。

†危険な崖

いずれにしても、ポケモン事件は現代社会の刺激の過剰がもたらした災厄です。

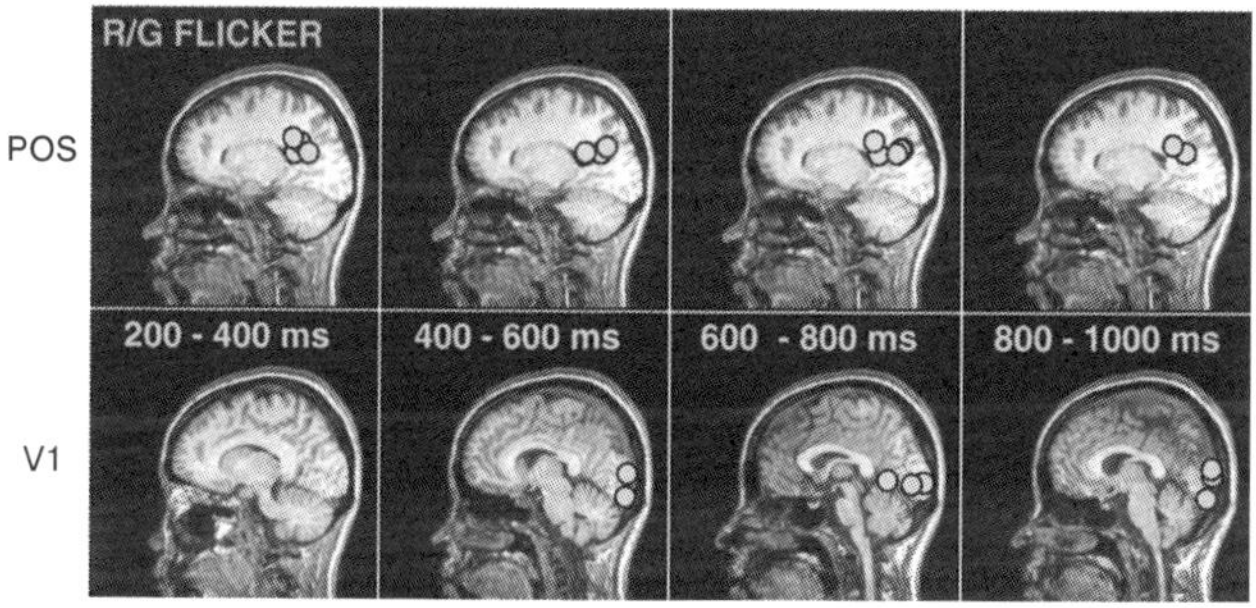

図13　赤線フリッカー刺激に対する脳活動の発生源
上：頭頂後頭／頭頂側頭ジャンクション付近、下：視覚皮質一次野

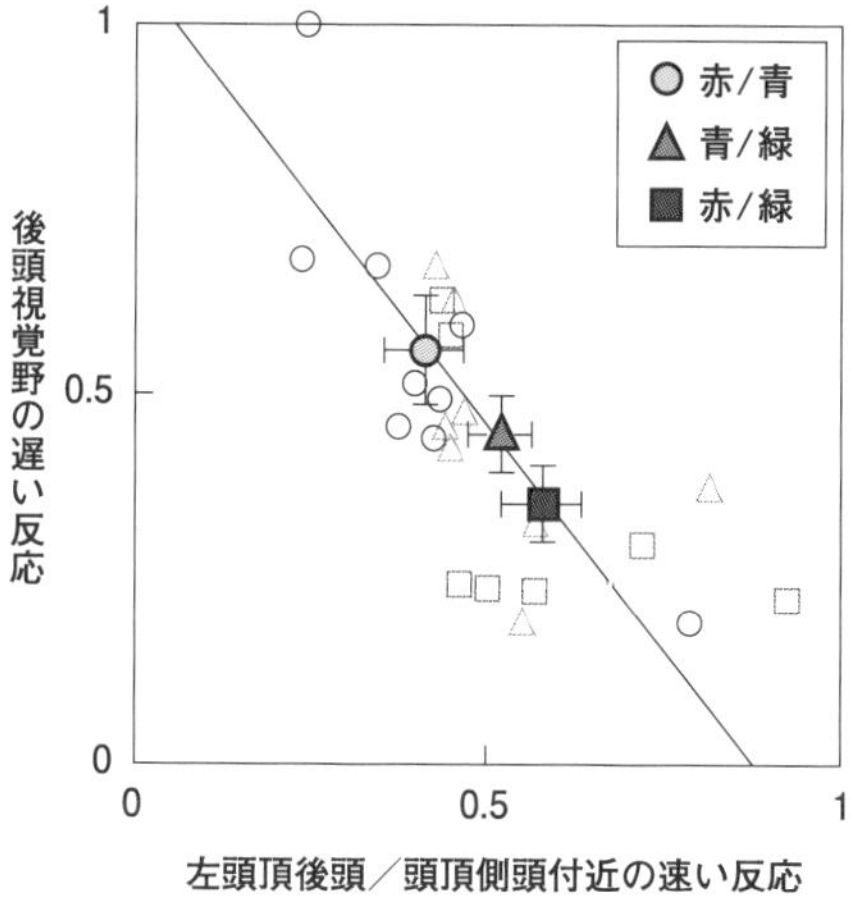

図14　左頭頂後頭／頭頂側頭と後頭視覚野の反応の相関

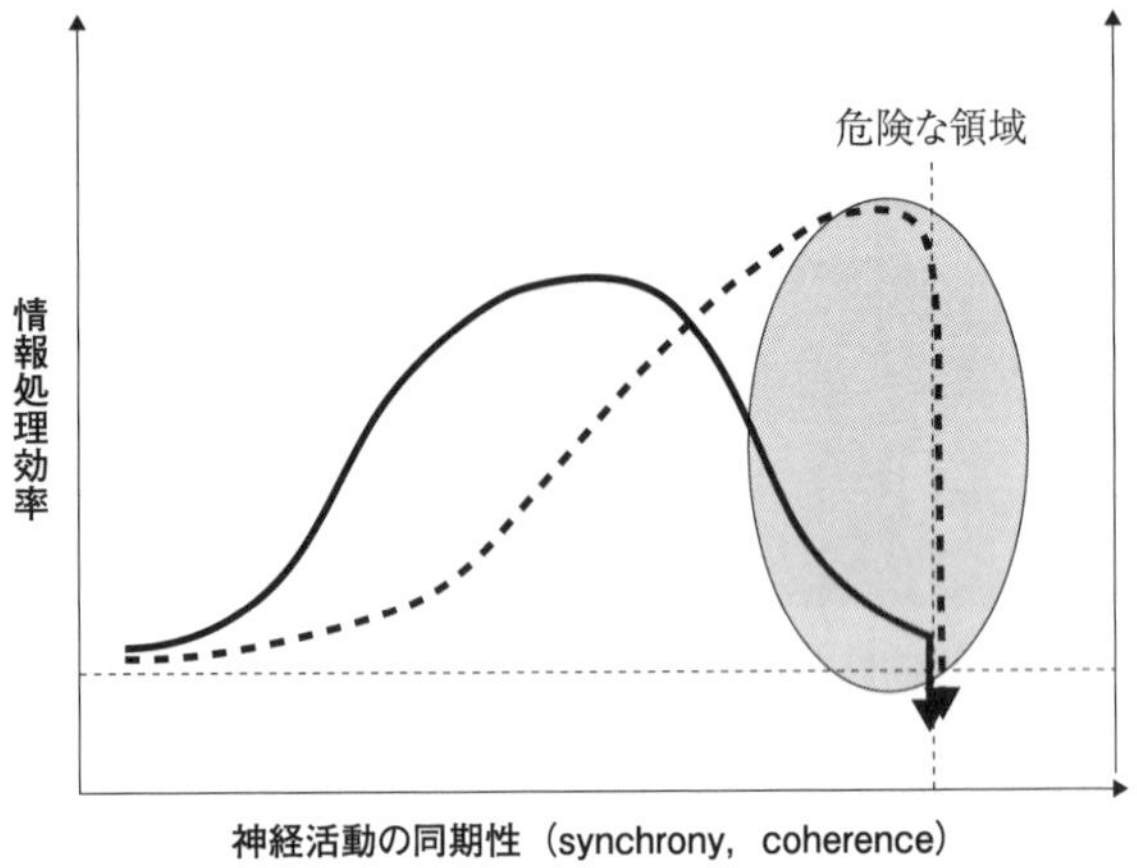

図15　神経活動の同期と情報処理効率／興奮度

たしかに、TVを見たりゲームをしているだけで痙攣発作を起こすことは稀であり、大騒ぎする必要はないという意見もあります。しかし、そこでターゲットにされているのが十代かそれ以下のこどもたちであること。また彼らにより大きな快をもたらすという目的のための試行錯誤が、結局は「臨界点」の突破に至ったことを、見逃すわけにはいきません。というのもこれはこどもに限らず、現代人とそれをターゲットにした娯楽メディア産業の関係、その縮図だとも思えるからです。

図15を見てください。横軸は大雑把に、神経活動の同期性の度合いと考えてください。ニューロンのスパイク（発火）がどのくらい時間的に同期しているかという指標

です。縦軸は情報処理効率です。実線のカーヴで示される通り、脳の情報処理がもっとも効率よいのは中間あたりになります。

これは当たり前の話で、ニューロンのスパイクがまったくランダムではどんな情報も担えません。また逆に全部のニューロンが同期して発火してしまったら、これが神経生理学的には癲癇《てんかん》性痙攣発作の状態そのものです。それこそ白か黒か、一ビットの情報しか担えない状態となります（意識を喪失するのはそのせいだ、とも言えます）。

破線カーヴを見てください。同じく神経活動の同期の度合いによって、今度は視覚刺激の興奮度、魅力度がどう変わるかを、仮説的に示したものです。破線のピークは先の実線のピークの右側にずれている。ここにこそ問題があると思います。

このずれには、ふたつの可能性が含意されています。もともと神経系が構造的にそうであるという意味がひとつ。もうひとつは、（この章の後半で述べますが）受け手が刺激に馴れてしまい、より過剰な刺激を求める。そこで供給側がそれに応えようとし、無限運動が起きてしまうという意味です。グラフでいえば右側にどんどん押し出される圧力がかかるのです。

もともとこども向けアニメ業界は比較的低予算、ローテク（低技術）の制約の中で、いかにしてこどもたちの関心を引くか、興奮させるかということで競ってきました。その競争がこの無限運動に拍車をかけ、とうとう崖っぷちまで来てしまった。ポケモン事件は、私にはそのように映るのです。

†情報量の過剰

話を戻します。

刺激の過剰でも第四の種類として、情報量の過剰があります。つまり感覚エネルギーの問題ではなく、その意味的な中身の問題です。現代社会では特にコマーシャルな情報の過剰が目立ちます。増え続けるＴＶのＣＭや新聞雑誌の広告、町中の電光掲示板。インターネットでアクセスすると自然に立ち上がるバナー広告、などなど。これらは誰もが実感している事実だと思うので、ここではちょっと滑稽な実例を二、三挙げるだけにしましょう。

まずはＴＶのサスペンスドラマの長い長いタイトル。新聞の番組欄で、五、六行をしめている、あれです。字数ぴったりで常にまとめる専門家がいるそうですね。ちょっといたずらして真似てみると、「湯煙の街の惨劇、女の怨念は二〇年絶えることなく男を追いつめ、そしてついに復讐の刃が襲ったかに見えた時……」なんていう調子で。

それから、よくコンビニなどで売っている家庭用品のネーミング。「洗剤に浸けたとたんにホラ、こんな泡立ち、お肌にもやさしく地球にもやさしい、ママ、洗って！　ふかふかスポンジ」とか（やりすぎ、ですか）。

これらはいずれも、数十年前には見られなかった現象のはずです。ネーミングだけど中身の広告も兼ねようというそれなりに真摯な努力で、商業コピーの進化した形とも言えるのでしょうが、とにかく情報の過剰には違いありません。

学問の世界でも、専門学術誌や学会の数は増える一方です。ネット上を含めると公刊される論文の数もスピードも、二〇年前と較べれば数倍になっています。アクセスできる情報量で言えば数十倍になっているかも知れません。私はＭＩＴ（マサチューセッツ工科大学）のさる高名な学部長が「忙しすぎて今や誰も論文を読んでいる暇なんてない。皆他人の講演やレクチャーから主に知識を得ている」と発言するのを聞いたことがあります。

こうした情報の絶対量の過剰に加えてさらに、情報の量でも質でもない、反復という意味での過剰も忘れてはなりません。前の章で詳しくふれた「単純接触効果」がその端的な例です。

†多元化、同時並行チャンネルの過剰

さてここまでの内容を少し整理すると、現代社会における刺激の絶対量の増大という話から始まって、動きと変化の過剰、加速度化といった側面をまず指摘しました。そして

「上限」を巡る固定観念を打破するようなデータを示し、さらに情報量の過剰にもふれました。

ここで一度話を日常生活に戻したいのですが、通信技術（というより、今や感覚テクノロジーと呼びたいと思いますが）に囲まれた現代人の生活には、単に刺激の絶対量が増えたり変化の速度が上がったりということだけではない、別の本質的な変化も顕われています。情報量の増大という点とは密接に関連しているのですが、同時並行的にたくさんの画像、映像や音の流れが耳に入ってくるという「多元化」「同時多発化」といった側面です。ちょっとした都市の街角で立ち止まってご覧なさい。あまりに多種多様な視覚、聴覚、嗅覚の刺激が同時並行的に襲ってくるのに驚くはずです（今までそれが気にならなかったことにも）。

感覚刺激の同時並行という意味では、現代人がそういう環境に否応なく晒されているという事実がまずあります。がしかし、それにとどまらない重要なポイントがあります。それは、現代人自らが同時並行の感覚チャンネルを好んで選んでいるという点です。

†「ながら族」という死語

ながら族というのは、確か私がこどもの頃にはやった言葉だったと思いますが、今や死語に近いようです。だがそれは、そのライフスタイルが廃《すた》れたからではなく、当たり前になりすぎて、ことさら名指す必要がなくなったからではないでしょうか。

ながら族では、音だけでなく画像や映像も含めた同時並行多チャンネル、になるわけですね。昔は非難や失笑の対象だった態度が、今や常態化しているとは言えないでしょうか。

これは近未来を占う上で決定的な観察だと思います。というのも、現代人が人工的な感覚環境に受け身で晒されているだけではない。その環境に順応し適応した現代人が、さらに過剰で多元的な刺激を自ら求める。そこにマーケットが生じニーズが生じるから、供給側がさらに過剰な刺激を供給する。過剰でない刺激、つまり控えめで一元的な刺激は自ずと淘汰される。こういう自己促進ループに、近年はますます拍車がかかっているように思われるからです。消費者の脳と、社会システムやテクノロジーとが相互促進的に共進化している。そのようにも表現できるかも知れません。

前の章で「世の中は、外界を正確に写し取るという意味での物理的リアリズムではなくて、脳内の神経活動を最大化するという意味でのリアリズムに向かっているのではないか」と述べました。また「その神経活動を活性化するものこそが最高の快であり、テクノロジーとコマーシャリズムもそれを最大化する方向に突き進んでいるのではないか」とも。そういう考えをまとめて「ニューラル・ハイパー・リアリズム」と名づけてみました。

ここで述べてきた感覚刺激の過剰と自己促進という話も、ニューラル・ハイパー・リアリズムの流れと軌を一にしています。「国民総ながら族化」は、そういう不可逆の変化を顕していると思うのです。

さらにこうした並行化、多元化は自ずと「選択」の問題につながり、そこに現代人の「自由」を巡るより本質的な問題が提起されています。前章で述べた「神経学的快の自覚的追求」についても、このことを踏まえて違う角度から捉え直す必要があるかも知れません。

†選択肢の過剰

「刺激の過剰」の中身として、まず感覚刺激の量的な過剰があり、変化や速度、情報量の過剰があり、さらに感覚チャンネルの多元化がある。それがここまでの話でした。だがコマーシャリズムと情報テクノロジーの影響を語る上で、それと同じように、あるいはそれ以上に大きな問題があります。それは先ほどもふれかけたことですが、選択肢の増大に関わる問題です。

つまり、選択肢の過剰も刺激過剰の一種であり、感覚刺激の量的な過剰とともに現代人のストレス負荷を増やす結果になっているという観点です。言うまでもなく、これは「選ぶのは自由だから、選択肢は多い方が良いに決まっている」という価値観とは矛盾しています。実はここに、市場における自由と満足度との間のパラドクシカルな関係が例示されています。

†選べる自由？

実際、選択肢が多いほど幸せとは限りません。この物質過剰、新商品過剰の世の中では、選択肢が多すぎることがむしろ、私たち消費者を混乱させています。車やテレビをはじめとする家電製品、パソコンや携帯電話の選択など、あれこれ迷って購入したあげくに後悔することも多いものです。

最近では購入ルートの選択肢過剰ということもあります。たとえば店で買って後でインターネットを見たら、もっとずっと安く手に入ったことがわかって後悔する、といった経験もよくあるでしょう。

『なぜ選ぶたびに後悔するのか――「選択の自由」の落とし穴』（ランダムハウス講談社）という端的なタイトルの本を書いた米国の社会学者、B・シュワルツは、本の冒頭で次のような印象的なエピソードを紹介しています。

彼は、長年着込んだジーンズがとうとうすりきれてしまったので買い替えるべく、久しぶりで「ギャップ」（カジュアルウェアの専門チェーン）に行ったそうです。店頭で「二八―三二インチの、普通のジーンズ」と告げたところ、その若い女性の店員はたいそう面食らった顔つきになり、「スリムフィットかリラックスフィットか、それともだぶだぶか、超だぶだぶタイプ？」と聞いてきました。さらに「ストーンウォッシュか、アシッドウォッシュか、古着風か？　ボタンにするか、ジッパーがいいか」などなど。矢継ぎ早に質問を浴びせかけたので、今度は彼の方が面食らってしまいました。

つまりこの若い店員には「普通のジーンズ」などというコンセプトは理解できなかった。というよりむしろ、「普通」タイプのジーンズなんてもはや市場に存在しなかったのです。ベテランの店員に相談したり、各タイプの形態を図解したチャートを見せられたりしたけれども、一向にらちがあかない。結局片端から試着しまくった結果、ようやく彼が欲しいものが「イージーフィット」らしいとわかったということです。

†四億六千万の選択肢

たぶん今日本でも、年配者が普段とちがう買い物を思い立つと似たようなことが起こるのでしょう。実際、七六歳になる私の母親が、数年前にはじめて携帯電話を持とうと突然思い立って店に入ったときの体験談も、これと似たようなものでした。かくのごとく、商品の種類にかかわらず、選択の次元と幅は際限なく広がって、私たち消費者を狼狽させています。

またこのような選択肢の過剰は、製品そのものよりはそのオプションや組み合わせ、またはサービス商品などの方で顕著です。たとえば、オーディオコンポの組み合わせだとかツアー旅行のオプション、保険の種類、など。単純に銀行に口座を開くだけでも、ときには一〇以上の選択をしなくてはなりません。利子のつく口座とつかない口座、年間使用料がかかるものとかからないもの、などなど。

先頃、西日本のある地方に行ってTVを観ていたところ、予備校のCMで「君自身のカリキュラムを選ぼう、四億六千万の組み合わせから」というフレーズが目につきました。まあこれは極端な例でしょうが、今考えてきたことからすれば、あまり賢明な宣伝戦略ではない気がします。

ただしよく考えると、顕在認知（意識）のレベルでは無限大の選択肢、潜在認知（無意識）のレベルでは実質的な選択なしというのは、実は最適戦略だという可能性もあります。そこまでわかってやっていたとすれば、見上げた確信犯とも言えるのですが。

というわけで、ここではさしあたり、刺激の過剰の成熟した形として選択肢の過剰があること。それは混乱と不満をもたらしかねないということを指摘するにとどめたいと思います（次の章でまた論じます）。

さて、ここでもう一度簡単に復習しましょう。

現代社会における感覚刺激の過剰について、次の六種類を挙げました。

①　感覚刺激の絶対量、総エネルギーの過剰
②　変化や、動きの過剰
③　速度の過剰と、上限の突破
④　情報量の過剰
⑤　多元化、同時並行チャンネルの過剰
⑥　選択肢の過剰

しかし正直言えば、これはリストのほんの一部に過ぎず、数え上げればきりがないというのが本音です。たとえば先ほどちらりとふれた反復による単純接触効果の延長として、有名人やモノの商業効果など、掘り下げればきりがありません。ことほどさように現代に生きる私たちは過剰な刺激に完全包囲され、逃げ場がないというのが本当です。

こうして退路を断たれた私たちは、これからどこへ行くのでしょうか。それをこれから考えて行きたいと思います。

†馴化と順応

まず刺激の絶対量の過剰に対して。

簡単に言うと、まず馴れることが起こるはずです（馴化ですね）。これは脳神経系、というよりからだ全体が持っている環境への適応力、順応力の顕われと考えられます。これまで過剰だったものが、普通に感じられてくるのです。

感覚の馴化の身近な例としては、たとえばからだが冷えているときに少し熱めのお風呂に入ったときのことを思い出すと、わかりやすいでしょう。最初は堪えられないぐらい熱く感じるのに、数分でむしろぬるいぐらいの感じになります。これと似たことが、もう少し大きなタイムスケールで起きているのです。光量と音量、その一日の中での持続時間に対して、そういう馴化が起きています。

ハイスピード、ハイテンポに対しても、同じく馴化が起きます。最近の映画やTVドラマを観ていると、あるいはまた若い世代に支持されている新しい音楽を聴くと、それを実感します。多少のはやりすたりはあっても、一言で言ってハイパーとなり、ハイテンションとなる大きな方向は変わらない。ハイパーがやがて当たり前となり、よりハイパーを求める。翻って久しぶりで懐メロを聞いたりすると、なんとのどかだったのかと思ったりもするのです（当時は思わなかったのに）。古い映画や韓流ドラマにも似た印象を持ちます。

日本の子守唄の現状を調べたある調査によると、こどもを寝つかせるときに大部分の親が歌を歌ってやるという意味で、子守唄は現代社会に厳然と生き残っている。しかしその選曲を見ると古来の子守唄は減って、童謡やＴＶのこども番組に由来する歌などが主流だそうです。そして曲調としても、よりアップテンポでノリの良い歌が増えている。発達初期の臨界期からすでに、ハイテンポへの順応がはじまっているということになります。

似た意味で、ドラマや映画の技法面でのＣＭ化、という点も指摘できます。ＣＭ化という意味は、三〇秒で完結するシーン、早い場面の切り替え、一見無関係に見えるシーンからシーンへのつながり、多視点化、そして単純であからさまなメッセージなどの意味です。前に述べた多元化、同時並行化ということとも、当然つながっています。

私が最初にこれに気づいたのは、ＮＨＫの幼児番組でした。おとなが見ると、コマーシャルの連続のように脈絡なく見えるのです。こどもの頃からこうなら、そういう切り替えに馴れたおとなが育つ道理です。

こうして断片化、高速切り替え化が生じ、やがてそれも平均値となります。

その順応は、理論的には、加速度的にスピードアップします。刺激に向ける注意の機能がさらに進化し、より大きい刺激＝報酬を求めるはずです。そしてこの順応はおおむね潜在レベルで、本人も気づかないうちに起こるということにも気をつけてください。

同時に（そして前にも指摘したように）、こういう様々な意味での刺激の過剰は、潜在的レベルでストレスを増大させます。

環境と脳とが相互に変化を促し、共進化の加速度を増したとき、どこかで自ずと歯止めがかかるのか。またはストレスの限界でとうとうカタストロフィに達して自壊してしまうのか。実は誰も知らないのです。ただ、前に述べた反応時間の研究結果（一二一ページ）や、あるいはまたポケモン事件（一二六ページ）などを見ると、止まりそうにないという予想もあり得ます。そういう流れに抗っても無駄だと思いながら、正直漠然とした不安を拭《ぬぐ》い切れません。

†反動？

実際、注意深く見ると、現代の都会人はすでに音《ね》を上げていて、その兆候は顕れています。たとえば、先に述べた加速度化、効率化、過刺激というのとは正反対の裏文化が台頭しつつあります。いわゆる癒し系、ゆるキャラ、スローライフ、田舎生活ブームなどがこの流れでしょう。

大きく言うと、世の中は二極化する方向で進んでいます。一方では刺激と変化の過剰をさらに促進する方向。他方ではその反動としての刺激低減、スロー文化の台頭です。

情報の過剰という点も先ほど指摘しました。これについても反動として、いかにして不要で不快な情報を読まずに切り捨てるか、無視できるかという技術や能力が見直される兆しがあります。

インターネットを含めてアクセスできる情報があればあるほど、いかにして効率良く情報を捨てるかが、才能の証になりつつあるのです。そういえば、プロ将棋の第一人者、羽生善治さんが「将棋には無限の手がある。その中でいかにして手を読まないか、読む前に捨てられるかが重要」と言われているのを、どこかで読んだ記憶があります。

ここで見落とせないのは、こうした反動はあくまで局所的な反動でしかなく、世の中の流れ全体が逆流するようなことはないだろうということです。伝統的な静寂への回帰、α波などハイテクを用いた癒しや「刺激低減ビジネス」のようなものも、隙間産業的な規模を超えることはないだろうと予測します。

その根本的な理由のひとつは、先にも見たように、刺激の過剰に対する馴化、順応が脳の潜在的なレベルで起こるからです。また刺激を出す人工環境と脳とが互いに促進する、共進化するという言い方もしたと思います。神経システムと環境システムを含み込む大きな自己組織化と言い替えてもいい。どこかだけを切り出して――とりわけ意識や意図の部分だけを取り出して――そこだけ逆行させるというわけにはいかないのです。

†ポジティヴな効果

この機会にもう一点指摘しておくと、刺激や情報の過剰には、案外ポジティヴな面もあります。

「エンリッチな環境」というのは認知発達心理学、特に自閉症などの臨床領域でのキーワードです。視覚、触覚、聴覚など感覚刺激や情報が豊かで、おもちゃなど感覚‐運動機能を使って遊べるヴァリエーションの多い環境を指します。自閉症児の早期治療で、これがかなりの効果を上げることがわかっています。

健常児の人格、認知発達に、ビデオゲームのやりすぎが悪い影響を及ぼすのではないか。そう心配する親や教育者は多いでしょう。が、カナダの認知心理学グループ（C・グリーンとD・バベリエ）は、ほとんど逆の結果を示しています。ビデオゲームの集中的なトレーニングは、こどもの選択的な注意力や検出能力を高めるのにむしろ役立つというのです（もちろんやり過ぎはよくないでしょうし、全く害がないとは言っていませんが）。

常識的に考えても、都会の刺激に満ちた環境が、老人のぼけを防ぎ頭をシャープに保つという意味で良いのは、簡単に想像できるでしょう。

ここでの大事なポイントは、過剰な刺激のネガティヴな効果もポジティヴな効果も、いずれも持続的に無自覚的に起こるということです。また環境と脳―身体との密接な相互作用の中で自己組織的に起こります。だからそれを完全に切り離さないかぎり（そんなことは事実上不可能ですが）、循環を断ち切ることはできません。

このように、刺激の過剰、情報の過剰は、自覚できても持続的に抵抗することは難しい。理屈ではなく、情動と行動の間の不可逆なスパイラルとなって、その影響は現れてくるのです。

†なぜ過剰は不足なのか？

さて、リストで私が最後に挙げた選択肢の過剰についてはどうでしょう。成熟した現代社会の市場には選択肢が氾濫し、私たち消費者を混乱させている。これはすでにたくさんの例を挙げて指摘したとおりです。これからは、どうなるのでしょうか。

先にも挙げた本（『なぜ選ぶたびに後悔するのか』）の著者シュワルツは、次のようなことを言っています。二〇年前に較べると、選択肢の増大と市場デモクラシーによって、米国家庭の生活は疑いの余地なく豊かになった。たとえば皿洗い機のある家庭は九パーセントから五〇パーセントに、洗濯物乾燥機のある家庭は二〇パーセントから七〇パーセントに、エアコンのある家庭は一五パーセントから七三パーセントになっている。それなのに、平均的米国人は心理的には孤立感、無力感を深めている。これはなぜか。

彼によれば、このパラドクスにはふたつの解釈があり得ます。まず第一、選択とコントロール（自己制御感）の経験が広がり、深まるにつれ、それに見合うように期待も増す。制約がひとつひとつ壊されるにつれ、まだ残っている制約がよりいっそう不愉快に感じられる。というわけで、いたちごっこ、というより事態はむしろ悪化するという解釈がひとつ。そして第二の解釈は、単により多い選択肢がより大きな自由を意味するとは限らないという原理的な点です。

私には、両方ある、と感じられます。第一の論点は、私が上で述べた刺激の過剰への馴化が起こるという論点と基本的には同じでしょう。選択肢の過剰に対しても馴化が起こり、それが当たり前と感じられてしまうわけです。その結果要求水準も上がってしまいます。

第二のより原理的な点については、後で述べるように「他の選択をしていたらどうなっていたか」という想像力が関わっていると思います。豊富な選択肢が現にあることを前提にすると、これがなくならない限り不満はなくなりません。

当面この両方の点について、事態が改善されると考える理由は、残念ながら見当たりません。馴化は進めば進むほど、残っている制約は不愉快になるでしょう。すでに過剰な選択肢は、ますます増えていくでしょう。こうして加速度的に、この種の問題は深刻化すると思います。

ただし、この選択肢の過剰という点に関しては、きわめて特殊な事情がひとつあります。ここでは先ほどから述べている反動というよりは、むしろもっと微妙なことが起こっている。そしてそれは水面下での操作や管理、コントロールにつながる問題を実は提起しているのです。

情動系と潜在認知過程への刺激が、「自由とコントロール」の問題にどのようなインパクトを与えるか。これはこの本の全体テーマにも関わる重要な論点なので、次の章で少し掘り下げたいと思います。

第3章 消費者は自由か

潜在認知とは集合的、社会的、情動的、反射的、無自覚的という特徴を持つ特殊なチャンネルなのだということを、くり返し述べてきました。その流れに沿ってこの章では、市場の動向や消費者行動などをつぶさに見ていきます。引き続き次の章では、政治や国際情勢においても生じている類似の状況を取り上げるつもりです。

その結果、私たちは本当に自由に生きているのか、という素朴な疑問に、読者諸兄（姉）も辿り着くはずです。私たちの普段の生活、たとえば買い物とか、映画やTVの番組の選択とか、友だちと行く旅行の目的地の選択とか、ひいては選挙で投票する候補者の選択とか。これらの選択行為は本当に私たちの「自由意思」に基づいて為されているのか、それともどこかの、誰かの目に見えない巧妙な力によって「制御」されているのか。

少し大げさなことまで言えば、近代社会の資本主義経済や、民主主義政治の根幹をなす「自由」と「責任」のコンセプトが混乱しはじめているのではないか。「自由で、ゆえに責任ある個人」の理想像は幻想だったのではないか、というところまで思考は進みます。

ただ、少しだけ先取りして言っておくと、この章の意図は、現代社会のそうした傾向を批判しようとか告発しようというところにはありません。といってむろん、それを望ましいものとして受け入れようというのでもありません。また、われわれの自由が制限され、奪われていると一方的に主張する気もないし、逆に昔と同じようにまったく不可侵で独立だと主張する気もないのです。ではなんなのか。

それはこの章の終わりで明確にさせてもらうことにします。取りあえずは、私たちの置かれている環境を、コマーシャリズムや政治における世論誘導などの観点から、少しさめ細かく見ていきましょう。そしてそれを、潜在認知や情動をめぐる認知神経科学の観点から分析してみましょう。

そういうことを、善悪の価値判断以前にしておきたい、と思うのです。

†広告社会

江戸時代に較べれば、私たちはより多くの広告に取り囲まれて生活しています。前の章で詳しく述べましたが、家でTVをつけても街を歩いていても電車に乗っていても、私たちはさまざまな形の広告から逃れることができません。

欧米やアジアの都市を旅行してもこの印象は同じです。かなり前のことですが、私はユカタン半島の田舎を旅行していて、衝撃を受けたことがありました。英語はおろかスペイン語が通じるかさえおぼつかない（いまだにマヤ語が話されている）それこそジャングルの入り口のような場所で、東芝や日立、ソニーの広告看板を見つけたからです。

広告というと普通は商業広告が主ですが、そればかりではありません。選挙など政治がらみのキャンペーンや、宗教関係のスローガン、デモンストレーションも目を引きます。同様にブランディング、イメージ戦略、キャンペーンなども、目的は商品の販売促進だけに限定されません。行政（政府や地方自治体の広報、世論誘導）、政治、スポーツ、エンタテインメント、アートなど、それこそ生活のあらゆる側面に氾濫しています。

キャンプや登山に出かけて、その自然風景が嬉しい理由は、空気がいいとか広いとか緑が多いとかいろいろあるでしょう。が、こういう広告、宣伝の類いが一切ないことからくる開放感も案外大きいような気がします。

学問のサイドでも、広告の効果に関心が高まっています。もともと社会心理学の中の広告心理学や説得の心理学などでテーマとされ、また商学分野でのマーケティングリサーチなどで研究されてきたわけです。最近はこれに、脳神経科学が加わりました。

†ニューロエコノミクスとニューロマーケティング

ニューロエコノミクス（神経経済学）、ニューロマーケティングなどと呼ばれる分野です。主として米国の各大学から相次いで興味深い研究が発表され、話題を呼びました。

とりわけカリフォルニア工科大学（カルテック）、ニューヨーク大学、プリンストン大学、ベイラー医科大学などにスター級の研究者が集まり、あらたな研究プログラムやセンターを立ち上げています。そうした動きを受けて、日本の行政や企業も中身がわからないまま、ちょっとしたパニック騒ぎを起こしているのが現状です。

fMRIによる神経活動の測定結果を使って、さまざまな経済理論を検証しようというのがニューロエコノミクスです。また最新の神経科学的アプローチを駆使して、購買行動の心理、神経メカニズムを理解しようというのが、ニューロマーケティングです。ただし、マーケティングリサーチそのものはこれまでも長く分野としてはあったわけです。それとどこが基本的に違うのでしょうか。

神経科学の方法を用いるという点が、まず違います。だがそれ以上に違うのは、自覚的、言語的な指標ではなくて、潜在的、行動的、神経学的な指標を用いる点でしょう。たとえば「あなたはなぜこの車を（あるいは腕時計を）買ったのですか」と直接言葉で訊ねれば、消費者から本当の答えが返ってくる……伝統的なアプローチはこの前提の上に成り立っていました。その背後にあったのは「自分で心の中を省みれば、すべての情報が見いだせる」という仮定です。そしてこの仮定は「合理的な意思決定者」のモデルともカップリングされています。この大前提が、哲学から経済学、ひいては認知心理学にまで及ぶ広い分野で方法を制限し、人間観の本質を規定してきました。

しかし内省すればすべてがわかる、つまり心は全面的に明証的（explicit）であるというのは、相当怪しい前提でした。これはたとえば、「なぜ、あなたは奥さんに惚れ込んだのですか」と訊ねるのに似た愚なのです。返ってくる答えは「やさしさ」とか「共通の趣味」とか、二、三通りしかありませんが、それがすべてだとはとうてい思われないでしょう。

購買行動でいえば、たとえば誰かが今歯ブラシを買ったとします。なぜそれを買ったのかと訊ねれば「品質が良いから」とか「安いから」とかいう答えが返ってくるでしょう。そういう理由付けは、残念ながらアテにならないことがわかってきたのです。

とりわけ歯ブラシやコーヒーのようないわゆる「関心の低い」商品だと、自分の買物リストにブランド名まで書いたりしませんよね（よほどのコーヒー好きでもないかぎり）。それでもいざ商品棚の前に立ったら、たくさんの中から選ばなくてはならない。その際に品質は実際のところ関係ないのです。というのも消費者は、実際には品質を判断することなんてできない場合がほとんどだからです。

また別の例として、自分の会社の商品からライバル会社の商品に乗り換えてしまった顧客がいるとしましょう。その元顧客に「なぜ乗り換えたのか」と訊いてみるとしましょう。一番多い答えは「値段が安いから」というものです。実際ドイツ最大の電力会社の利用者調査結果でも、そういう答えが多かったのです。ところが「では実際にいくら払っているか」を訊ねると、七五パーセントが答えられなかったというのです。だから値段はほとんどの場合、本当の理由ではあり得ない。本当の理由はもっと潜在的＝無自覚的な過程の中にあるはずです。しかしそれをどうやって調べたらいいのか。そこで、潜在認知の心理学で開発された行動計測、生理計測や、「MRI」などの神経計測が役に立つわけです。

†選択を本当に決めているのは何か

「値段が安い」とか「品質が良い」、「値段の割には質が良い」というような一見合理的な理由づけは、たいてい本当でないと言いました。では消費者の選択を本当に決めているのは何なのでしょう。

巷には商品とその広告が溢れかえっています。日本国内だけでも数万のブランドが同時に広告され、売れ行きに応じて消滅と新規参入とをくり返しています。たとえば身近なところでいえばスナック菓子とか、清涼飲料水、そしてインスタントラーメンなど。複数のメーカーが競合する上に、同じメーカーの製品が何種類もあったりして迷います。

しかし食品の買い物に必要な選択は、実はそれ以前からはじまっているのです。今、少し空腹で喉も渇いているとしましょう。さて、あなたはとりあえず飲み物の自動販売機でコーラを買うのか、それともすぐ目の前のコンビニに立ち寄って菓子類をいくつか買うのか、駅前のバーガーのチェーン店でお腹をふくらますことにするのか。あるいはむしろ、今は我慢して夕食のおかずをよりリッチなものにするのか。そもそもここから選択ははじまります。

その上（前章でもふれましたが）保険や旅行、証券のようなサービス商品となると、ひとつの商品内にもオプションが多々あって、ときには一〇以上の選択をしないとサービスにありつけないことさえある。前章でふれた「四億六千万の選択肢」という予備校のCMは、その一例にすぎません。

このように消費者は買い物ひとつする度に、たいへん複雑な意思決定をしなければなりません。当然、それを単純化する必要が出てきます。どう単純化するか。たいていはヒューリスティクと呼ばれる単純なルールに従います。隣人から推薦を得たり、メディアから情報を得たりして単純化するわけです。

「あなたはCMや広告の影響を受けていますか」とあらたまって訊かれたら、九五パーセントの人はノーと答えます。「不愉快だから」とか「信用できないから」などと言って。しかし実際、高いブランドイメージを保ってきた会社が、CMの新作で犯したわずかなミステークのせいで、あっという間にマーケットシェアの大半を失ってしまう。それも商品そのものの質や競争力は変わらないはずなのに。そんな例は数限りなくあるのです。

†そもそも何故、広告（CM）は効果があるのか

さて、いずれにせよ各種の広告がそれなりの成果をあげている、つまり私たち受け手の選択行動に影響を及ぼしていることは確かです。もしそうでなければ、スポンサーは高い代価を支払わないでしょう。しかしそもそもなぜ、広告（CM）は効果があるのでしょうか。

いくつかのレベルに分けて考えることができます。

まず第一は、論理のレベル、つまりもっとも高次の認知的なレベルです。説得のCMと呼ばれるものがこれに当たります。白衣を着た人物が登場して、その食品や薬品がいかに健康に良いかを強調する、とか。あるいは、ライバル商品とブラインド比較テストをして、その結果をグラフなどで示す、など。

広告の効果というとこういう論理、分析レベルの説得を主眼に考えがちです。しかし案外、効果のごく限定された一部にすぎないことが、広告心理学などですでにわかっています（先の例の白衣にしても、論理や分析そのものとはちがうでしょう）。

続いて第二は、意味ネットワークのレベル。これには顕在、潜在両方がありますが、い

ずれにしてもスポットCMや広告をくり返すことによって、連想記憶を形成しようとします。商品やブランドとCMのポジティヴなイメージとの間に、まず連合のネットワークを形成する。そしていざ商品を選ぼうとするときに、それが活性化するようにしむけるのです。ブランディング、イメージ戦略がこれに当たります。

特定のブランドが特定のスポーツ選手やセレブをCMキャラとして常用することがよくあります。その名声やポジティヴなイメージ、トレンディな印象などのご利益に与ろうとするわけです。社会心理学では、古くから「ハロー（光背）効果」と呼ばれてきました。ただ話はそんなに単純ではなく、CMそのものや起用されたタレントや歌などが大ヒットして、肝心の商品の方はとんと売れず、といったケースもよくあります。また仮にこの戦略が成功したとしても、いずれは消費者の側に飽きがくるでしょう。どのタイミングでどういうイメージ一新を図るか（マーケティングの用語でいうテスティモニアル・チェンジ）も、重要です。

ところでそもそもなぜ、有名人がCMや広告に出ることになったのでしょうか。というより、有名人やセレブというものの存在が、社会装置として成立するのはなぜなのでしょうか。

これにも相当の文化差があって、たとえば米国のCMでは日本ほど軒並み有名人が出ているわけではありませんが、ヨーロッパでは日本と似たような状況です。さきほど述べたように、有名人の良いイメージが商品と結びつけられるから、という社会心理学的な説明が普通ですが、私はこれでは説明として不十分だと思っています。後でもう一度考えることにします。

さてCMが効果を持つ第三のレベルとして、記憶そのものの効果をあげたいと思います。商品やブランドそのものの親近性、知名度、なじみ深さなどのレベルです。心理学で単純接触効果と言われているのがそれです。前にもふれましたが（序章）、「単純にただくり返し感覚的に経験するだけで、その対象をますます好きになってしまう」現象を指します。

なぜスポットコマーシャルや新聞広告は、くり返し同じものを何度も出すのが常套手段となっているのか。なぜ選挙では、政策を詳しく説明するよりは名前を連呼し、メディアに露出して「顔を売る」のが得策とされるのか。その答えは、その方が多くの場合より効果的だからで、単純接触効果で考えるとわかりやすいのです。最初にあげた「分析的、論理的な説得」や第二の「ポジティヴなイメージとの連合」という話とは明らかにレベルのちがう話です。もっと単純で潜在的なレベルで「刷り込み」が起こるのです。

さてここまで、高次の認知レベルから順に「分析的な説得」、「イメージや意味の連合」、「単純接触による記憶の刷り込み」と、三つのレベルをあげてきました。しかし、話はこれで終わりではありません。次に述べるとおり、一見トレンディの先端を行くＣＭや広告の効果の根底には、実はもっとプリミティヴな生物学的メカニズムがありそうです。

†条件づけと転移

そもそも動物は条件づけのメカニズムを通して学習しますが、条件づけには二種類あります。古典的条件づけ（パブロフの犬）と、道具的（オペラント）条件づけです。第１章ですでに説明しましたが、念のため簡単にくり返しましょう。

犬に肉片を見せるとよだれを垂らす。肉片を見せる時にその都度ベルを鳴らすという手続きをくり返すと、やがて肉片なしでもよだれを垂らす。これが古典的条件づけです。

道具的条件づけというのも、よく知られている話です。ネズミがレバーを押すとエサのペレットが一粒出てくる。この偶然の経験がくり返されると、やがてネズミは頻繁にレバーを押すようになるという、おなじみのあれです。

さて、このふたつの組み合わせが、ＣＭの効果の基礎にある、という仮説があります。もし本当だとすると、最初の認知的、論理的なレベルにおける説得とは、全然別次元の話ですよね。

ＰＩＴ（パブロビアン・インストラメンタル・トランスファー：古典的条件づけから道具的条

件づけへの転移）という現象が知られています。もともとネズミなどの条件づけ研究から提案された考えですが、ややこしくなるので、はじめからCMの効果に引きつけて、説明しましょう。

今仮にあなたが（オレンジジュースではなく、チョコレートミルクでもなく）コーラのCMだけをくり返し見せられたとします。そこで自然に起きることは、コーラのサインや現物を見ると、自然に喉が渇く、手に取って飲みたくなるということです（CMはたいていそれを促すようにできています）。つまりCMの効果はさしあたり、手がかり刺激（コーラのサイン）と選択行動（手にとって飲む行為）との間に結びつき（連合）を形成することだと考えられます。

これは先のパブロフの犬と似ていることに気づかれるでしょう。手がかり刺激（ベルの音）が行動（よだれを垂らす）の引き金を引くようになるのです。

さて、次にあなたはコンビニかスーパーに出かけて、飲み物を選ぶとします。この状況は「手がかり刺激に対して適切に反応すれば（より大きな）報酬が得られる」という、典型的な道具的条件づけの事態です。それがたまたまコーラを置いている店だと、当然そのサインや現物を見ることになります。

このときにもし、先のCMによって形成された結びつきの影響で、（他の飲料ではなく）

ついコーラの方に手がのびたとすると、ＰＩＴ（ふたつの条件づけ間の転移）が起きた、と言えるわけです。というのも、最初のＣＭによる結びつきの形成は古典的条件づけによって、また店での実際の商品の選択は道具的条件づけによってなされた。そして前者による学習が、後者の場面に影響した、転移したと考えられるからです。

†「スキャナー内の店」実験

このように、条件づけ間の転移でＣＭの効果が説明できることがわかりました。しかしだからといって、実際の消費者の行動がこれに基づいているなどと結論はできません。そんなふうに結論づける証拠なんて、あり得るでしょうか。

私たちカルテックのニューロマーケティング研究グループは、ｆＭＲＩを用いてその証拠を示しました（Ｓ・ブレイら、二〇〇七年）。実験でやったことは、実を言うと、ほとんど今描いたとおりなのです。

まず古典的条件づけの手続きで、手がかり図形とコーラの間に連合を形成しました。被験者にはｆＭＲＩスキャナーの中で本当にチューブをくわえてもらい、正しいボタンを押したら、本当に一定量のコーラがもらえるようにしたのです。また彼らには六時間水分を採らないようにあらかじめ頼んでおき、喉の渇いた状態にしておきました。

この後、道具的条件づけの手続きに入ります。私たちが「スキャナー内の店」と呼んだ手続きです。被験者はふたつの飲み物のチョイスのうちからどちらかをボタン押しで選ぶように教示されました。一例をあげれば、ひとつのボタンならコーラ、もうひとつのボタンならオレンジジュースというように。いろいろな統制実験の都合上、他にもチョコレートミルク、唾液に近い成分の水などが用意され、組み合わされました。どのボタンを押せばどの飲み物が与えられるかは、すでに被験者たちは熟知していました。

コーラは言うまでもなく「古典的に条件づけられた」飲み物です。オレンジジュース（チョコレートミルク）は「あらかじめ古典的に条件づけられていないが本来、好ましい飲み物」の代表です。もちろん被験者によっては、逆の組み合わせも試されました。

特に重要なのは、コーラのサインが呈示されている試行とされていない試行とを設けた点です。その間で、選択行動と脳内の神経活動に違いが生じるか。これが知りたかったのです。

行動上の結果は、条件づけ転移の予測を裏付けるものでした。コーラのサインが出ているときは、出ていないときに較べて、コーラを選択することが多かったのです。

しかしこの研究のポイントは、fMRIの結果の方にあります。このような転移が起きているときに特異的に活動している脳内部位を探したところ、被殻《ひかく》（Ventral putamen）

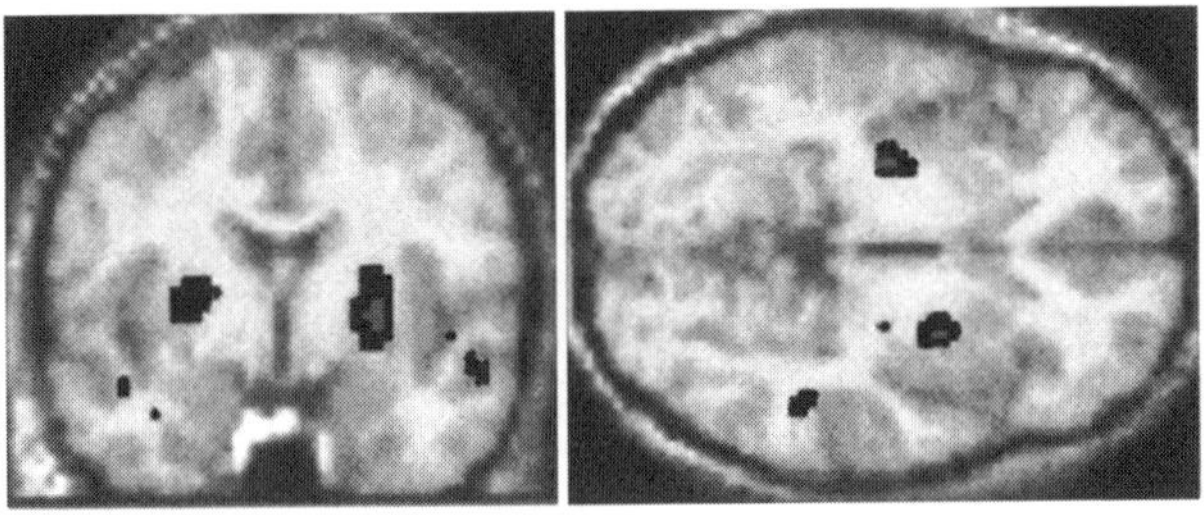

図16　PITが起きているときに活動している脳部位

の一部に行き当たりました（図16参照）。この部位は、皮質下の報酬（ドーパミン）系に関わることが知られています。そして何よりも、ネズミでこの転移（PIT）に関連して活動する場所と重なっていました。厳密な対応づけは難しいにしても、進化的、解剖学的に見てきわめて近い領域だったのです。条件づけとその転移が、本当にCMの効果に関与している有力な証拠と言えないでしょうか。

ついでに言うと、この実験では直接示せませんでしたが、選択的転移と一般的転移と両方あるともいわれています。一般的転移というのは、たとえばペプシコーラのCMが、ペプシだけでなくコカコーラも含めて清涼飲料水全体の売り上げを伸ばしてしまう一面です。

少し説明が長くなりましたが、大事なポイントはただひとつ。CMや広告の効果には、高次の社会的認知的なレベルもあるが、こういう動物とも共通の生物学的メカニズムも働いている。それゆえ潜在的であり、根強いし抵抗しにくい。そういうことです。

実際、条件づけが単純な生物学的メカニズムに基づいていることは、ゴキブリなど昆虫を使った実験ではっきり示されています。古典的条件づけでは、最初の学習には脳が必要です。しかし一度学習してしまえば、その後断頭した（頭を切り離して捨ててしまった）昆虫でも、引き続き学習の効果を示すことがわかっています。また道具的条件づけに至っては、はじめから断頭してある個体ですら、新たな学習ができます（このあたりは前著『サブリミナル・マインド』で少し詳しくふれています）。

要は条件づけが、このような中枢神経系を取ってしまった昆虫にもできるような単純な生物学的学習メカニズムによること。そしてそういう意識下のメカニズムにCMが直接働きかけている可能性があるということです。

†CMの効果を支える潜在記憶

CMはどうして効果があるのかという問いから考察をはじめたわけですが、CMが提起している素朴な疑問はそれだけではありません。

CMはどうしてあのような短い時間で、一日に何十回という頻度で、平均数ヶ月にわたって流れるのか、またなぜ、あのようないくつかに類型される形態を持つことになったのか。なぜ、とは曖昧な問いですが、いったい誰が決めたのか、あるいは自然に淘汰されてこうなったとしても、その淘汰の方向を決めたのは何なのか。そういう意味の問いです。こうした問いに答えるには、やはり情動系と潜在認知過程を考えなくてはならないと思っています。

先ほど、有名人がCMに頻繁に出てくる理由、を考えました。ついでに言えば、有名人が珍しい、または目新しいシチュエーションにいる、という設定が多い。社会的な意味で意外な状況とか、非現実的な幻想的SF的世界、あるいはアドベンチャラスな状況に挑戦、など。これらは学習の効果というよりは、単純な記憶の要因で考えるとわかりやすいのです。そのわけを次に説明します。

マーケティングの用語でいえば「テスティモニアル・チェンジ」の問題です。CMの人気シリーズで、なじみ深いキャラクタ（登場人物、アニメのキャラクタなど）がいるとします。それをいつ、どのように変えるべきか、あるいは変えないべきか、は常に大きな問題となります。これは煎じ詰めれば、（第1章で論じた）親近性と新奇性の問題、その組み合わせの応用問題ともいえるでしょう。

私はときどき、車や清涼飲料など新製品の開発に携わっている方々やコマーシャル制作などの関係者のお話を聞くことがあります。彼らもやはり、このふたつの要因の背後に何かありそうだというところまでは、経験的に感づいているようです。

たとえばホンダにはホンダらしさがあり、ニューモデルでもなるべく活かそうとする。これは親近性に訴えようという努力です。半面でぱっと人目を惹く斬新さがなければ誰も見向きもしないでしょう（モデルチェンジの側面）。言うまでもなくこちらは新奇性の原理に訴える部分です。そして同型の問題が、製品そのもののモデルチェンジと同時にCMなどのテスティモニアル・チェンジにもあるということです。

解明されていないのは、どの領域でなじみ深く、どの領域で目新しいのがもっとも魅力的なコンビネーションなのかという点です。選好や選択が経験の記憶に基づくのは当然として、その記憶がどこでどちらの方向に作用するかがわかっていないのです。

†親近性と新奇性の棲み分け

私たちのプロジェクトでは、日本で現に放映されて、長期にわたって人気となっているCMシリーズについて、親近性と新奇性の役割を分析しました。人気CMシリーズ（たとえば、燃焼系アミノ式とか、ダカラ〈小便小僧〉など）を見せながら、親近性と新奇性、およびCMの全体的な魅力度を評価してもらいました。パス解析という因果関係を統計数理的に推定する方法を用いて、その結果を解析したのです。

解析結果は興味深いものでした。CMの親近性（なじみ深さ）も新奇性（目新しさ）も共に「因果的に」CMの魅力度、好感度に貢献していました。他方、面白いことに、親近性指標と新奇性指標との間には、論理的に考えられるような相互背反的な関係（マイナスの相関）はなく、逆に正の相関もなかったのです。ここで言う親近性、新奇性は論理的な意味ではなく心理的な意味を持つもので、実際心理空間では相反するものではないことが判明した。そういうことです。

またあるきっかけから、対象の種類（カテゴリー）によっても違うのでは、という疑いを持ち、実験室での実験を行いました。その実験では、顔、自然風景、幾何学的な図形の三つのカテゴリーから刺激材料を選びました。顔なら顔同士、風景なら風景同士というふうにペアで呈示し、相対的な選好の強さを判断してもらったのです。右の顔がずっと好きなら＋3、左の顔がずっと好きなら−3、どちらとも言えなければ0というふうに。

その際、中間ぐらいの魅力度の顔を予備実験であらかじめ選んでおき、これをその都度新しい顔と組み合わせながら、二七試行にわたって呈示しました。したがって（一試行目はどちらも新しい顔だが）二試行目以降は、常に「古い顔 vs. 新しい顔」のうちから好きな方を選ぶことになったわけです。これがこの実験の大事なポイントです。左右の位置は、試行間でランダムとし、自然風景、図形についても同様な手続きで行いました。

さて結果です。まず顔では、くり返すほどますます古い顔を好きになるという親近性選好の強い傾向がありました。他方自然風景はまったく逆でした。数回で飽きがきて、新奇な方を好むようになったのです。図形での結果はほぼ中間で、どちらの強い傾向もないという結果でした。

よく考えてみると、これはCMの主流のスタイルと合致します。見覚えのある顔（セレブ、有名スポーツ選手など）が、非日常的な環境、たとえば山のてっぺんとか海の真ん中とか超豪華なお城とかの中にいる。そういう状況です。日本のTVで流されているCMでも、これに類する例はいくらでも見つかります。

またこれは程度の差こそあれ、案外世界共通なようです。ドイツの共同研究者から仕入れた話ですが、〝O2〟という携帯電話CMシリーズでは、サッカーの「皇帝」ベッケンバウアーが常時起用され、大きな成功を収めました。その最大の特徴は、CGを駆使して作られた非現実的なファンタジーの世界に彼が登場することだそうです。まさに親近性の高いセレブが新奇な世界に登場、という組み合わせの典型例と言えるでしょう。

さて、ここらで一度要点をまとめます。CMの効果を潜在認知の観点から考えてきました。先ほど強調した条件づけの「生物学的メカニズム」に加えて、CMは記憶に作用し、記憶が選択に及ぼす力に訴える。ここで大事なのは、その効果のすべてではないにしても、相当部分が潜在的であることです。ただしここでいう「潜在」とは、いわゆる「サブリミナル」という意味ではありません。サブリミナルとは、当該事象が意識に昇らないことを指します。がここでは、CMを見たこと自体はよく覚えているし、新奇か親近かの判断さえできる。ただそれが自分の選択、購買行動に影響を与えているという因果関係に気づかない。あるいはそれを積極的に否定するという意味で、潜在的なのです。

†原因の帰属と、選択の正当化

CMの話の最後にもう一点だけ、広告やCMの効果をめぐって本質的な問題にふれておきたいと思います。マーケティングの用語でいう「ロイヤリティ」、つまり特定のブランドに対する消費者の忠誠度の問題です。前にもふれましたが、日常生活の小物のように「コミットメントの小さい」商品では、人々はたいていたまたま目についた手頃な品を買うだけで、ブランドにはこだわりません。買い物リストにブランド名まで書く人は、特殊なマニアだけでしょう。

しかし酒やタバコなどの嗜好品、高級衣服や女性用バッグなどのファッション用品、またオーディオや車など、比較的高価でコミットメントの高い商品になると、こういうロイヤリティが問題になるわけです。仮に商品の種類は変えても、ブランド（発売元）は同じものを選ぶということも、よくあります。

これは先のブランドイメージ（意味の連合ネットワーク）の文脈で考えることもできます。が同時に、別次元の問題も提起しています。行動は、好みや選択の結果であるだけではなく、それに影響を与える一面もあります。自分の選択行動に対して、事後に自分で与える解釈が、後の好みや選択に影響を与えるということも、当然あるのです。

たとえば仮にあなたが学生で、今回の試験でひどい点数をとったとしましょう。理由はふたつほど考えられるとしてください。ひとつは教授が非常識な人間で、誰も答えられないような難問ばかり出したから、仕方なかったというもの。もうひとつは、確かに自分は誘惑に負け、怠けて勉強しなかったという理由。このどちらを採るかで後の行動は変わると予想されます。

もし変人教授の変な趣味のせいにしたら、次もあなたの態度は変わらないでしょう。しかし、もし自分が怠けたせいだと考えれば、次の試験前は猛勉強するかも知れない。実際、社会心理学のさまざまな実験で、これに近いことが示されています。

これは認知社会心理学でいう「原因帰属」の問題に関連しています。試験の例で言えば、失敗の原因をどこに帰するか。教授の出題（外部原因）と、自分が怠けたこと（内部原因）

の二通りが考えられたわけです。それが正しい帰属であるか、誤った帰属であるかにかかわらず、その帰属のゆくえによって、違う感情が経験されたり、後の行動が変わったりすることが示されています。

似た現象として、こういうのも知られています。たとえば、同じくらい魅力的な対象がふたつあり、どちらかを選ばなければならないとします。ひとたびどちらかを選択すると、それを自分で正当化しようとする動機が潜在的に働きます。そこで次の（同じ選択肢からまた選ぶ）機会には、そちらをより魅力的と感じそちらを選ぶ傾向が高まるというのです。チョイス・ジャスティフィケーション（選択の正当化）などと呼ばれます。

もしそちらの選択肢の魅力度を低く見積もると、自分の過去の現実の選択との間に整合性がなくなる（認知的な不協和が起きる）から、この不協和を解消するために魅力度を高く見積もる。これが古典的な解釈ですが（認知的不協和理論）、最近では疑義もあります。だがその解釈のいかんにかかわらず、選択の正当化の現象そのものは何度も確認されています。

†ロイヤリティ、ブランドイメージ、高級感

先のロイヤリティやブランドイメージの問題も、この選択の正当化という観点から見る

と納得がいきます。特定のブランドに「忠実」な選択をしてしまうことも、ブランドイメージが蓄積され持続的な効果を持つことも、選択の正当化抜きには語れないと思います。

ブランドイメージは高級感につながります。この高級感が商品の質の評価まで押し上げるという興味深いデータを、最近私のカルテックの共同研究者たちが示しています（H・パスマンら、二〇〇八年）。彼らは高値のついたワインを敢えて買うという行為が、その味を経験する快の神経メカニズム（第1章の「モンキーTV」にも出てきた眼窩前頭皮質）を活性化し、味を実際によくするということを示したのです。これはCMの効果という文脈からは少し離れますが、選択行為に関わる高級感が、いかに実際のマーケティングで重要かを物語っています。

さて、これまでにCM効果の背後にあるメカニズムをさまざまなレベルで指摘してきました。それに加えて、「事後」つまり自分の選択行動の後でそれをどう認知し、その原因をどこに帰属するか、選択の正当化が起こるか否かが、後の選択行動に影響する。CMの効果は持続的で反復的なもので、間に実際の選択行動が挟まることも多い。だからこの要因が案外大きい。まとめれば、そういうことです。

認知（自分の行動の解釈）と情動的な選択。このふたつが潜在的なレベルで相互作用し、しかもそれが反復されるという点が重要です。

CMに一定の効果があるのはなぜなのか、という問題をかなり立ち入って考えてきました。その結果、顕在／潜在の両方のレベルで認知と情動に働きかけるからだ、ということがわかりました。

†人は報酬を求めて買う

そしてもう一言付け加えるなら、こうしたすべての選択行動のキーワードは脳内の「報酬（系）」にあります。まさに人は報酬を求めて買うのです。

えっ、報酬の中から代価を支払って買うんじゃないの、と思ってしまった人は、報酬系の復習をしてください（第1章、七七ページ）。直接おいしいとか、喉の渇きを癒すとか、暖かいといった生物学的な快以外にも、「人々の注目を浴びる」快とか、「良いことをした」という自己満足の快とか、有名人と友だちになったような気がするといった社会的な報酬を含めて、広い意味での報酬があるからこそ人は何かを選び、得ようとします。

たとえばあなたが街角で突然コーヒーショップを見つけて、おいしいコーヒーを飲みたいと思い立ったとしましょう。「コーヒーを飲むことを、あなたはどういうリウォード（報酬）と結びつけて考えていますか」といきなり訊ねても、はかばかしい答えは返ってこないはずです。というのも、人々が選択し代価を支払って得ようとする本当の報酬は、顕在過程の中にはないからです。

「ヨーロッパでのある研究によれば、コーヒーショップでコーヒーを飲むとき、人は「スモールトリップ」つまり日常からのささやかな旅を求めているのだそうです。これは日本でもかなりあてはまりそうです。

こんなケースもあり得ます。たとえばある人が四〇歳のときにジャガーやベンツのような高級車を買ったとします。その理由をとことん潜在レベルまで追求すると、幼少時の記憶が浮かび上がってきた（記憶を司る海馬は幼児期からもう作動しています）。お父さんが昔、実際ジャガーに乗っていた。ジャガーは父親の成功の象徴だった。今や自分もその同じレベルの成功をおさめ、父に肩を並べた象徴としてジャガーを買う、というように。

このようにして、潜在的な報酬にアクセスしながらブランド・ストラテジー、またはコンシューマー・インサイト（消費者の洞察）についてリサーチする。その上で、それの報酬や潜在的なインサイトにアピールする広告への応用を考える。このような二段階で臨むのが、今後のマーケティングの姿になっていくでしょう。

今「でしょう」といったのは「それがめざすべき方向です」という意味ではありません。とはいえ「そうなるので恐ろしい、皆でなんとか止めましょう」という立場でもないのです。

なんと座りの悪い、居心地の悪い立場だと思われるでしょう。しかし人はとかく、事実の問題を価値の問題にすりかえてしまう傾向があります（飛躍して別の例を挙げると、認知における性差の問題とか、日本における英語教育と愛国心の問題とかにも、そういう感想を持ちました）。なぜか。それこそ情動の観点から見て、その方が座りがよく、安心できるからです。しかしそこで踏みとどまって、事実を事実の問題として探究するだけの自覚と独立心こそが、科学する態度であり解決に近づく方途でもあると思うのです。

この観点から見て、先ほどのべたマーケティングの今後の方向というのは、誰がなんと言おうとその方向に行ってしまう、そういう当必然的な力が（認知の構造と社会システムの両面で）働いていると言いたいのです。

などと口幅ったい説教をしてしまいました。元に戻して、煎じ詰めれば広告とは近代人の発明した説得のツールであり、誘導と操作の手段です。それゆえまた、潜在認知と情動の仕組みを知るよき覗き窓ともなるのです。

†結局、私たちは操作されているか？

広告やCMの作用する心理／神経メカニズムが一通り理解できたと思います。で結局、コマーシャリズムに包囲された私たちは、操作されているのでしょうか。もしそうだとしたらどの程度まで操作されているのでしょうか、そして逆にどの程度まで自由だと言えるのでしょうか。

どちらかと言えば、私はいたずらに危機感を煽り立てることはしたくないのです。その理由としてまず、昔と今は質的にはそんなに違わない、案外連続的だという点があります。相当昔から、CMはなくても看板ぐらいは町中にあったでしょう。説得のコミュニケーションも、親近性の効果も商人の商法の一環としてあったはずです。もっと言えば、貨幣がなく物々交換の時代から、上で述べたようなさまざまなレベルの認知メカニズムへの働きかけで、経済は動いてきたはずです。

では変わった点はどこでしょう。一番大きいのは、むしろ「仕掛ける」側の潜在/顕在のあり方の違いではないでしょうか。売る側が何を意識しているかが昔と今では非常に違い、そのことが大きいと思います（そしてもちろん、このことが不安をかきたてていることも事実です）。後で説明しますが、「注意経済」という考え方などはこの新しいビジネスのありようを象徴していると思います。

この章の結論を少し先取りして言えば、こういう意図して仕掛ける技術や知識の進歩から、必然的に自由と（被）制御とが両立するゾーンが拡大しているのではないか。そのように私は考えています。そこからくる価値と倫理の崩壊にこそ、不安は正しく向けられるべきだと思うのです。

ただ先を急ぐ前に、もうひとつまったく別の角度から、消費者の選択の自由と制御を論じてみることができます。実は前の章の最後でふれた、「選択肢の過剰」から直接派生する問題です。

†自由と不満

前の章でも指摘しましたが、市場に出回る商品が過剰であることは、必ずしも消費者の満足にはつながりません。選択肢の過剰はむしろ消費者のフラストレーションのもとにもなっているのです。

そもそも消費者の自由とは何なのでしょう。

選択肢が多いことがより自由なのだとすると、自由すなわち不満ということになってしまいます。だがそうなると、人々の不満を高めるために世の中が進んできたということになりかねません。消費者の多様な要求に応じて選択の幅を広げることが、当然より大きな自由を与え満足を与える。この市場デモクラシーの大前提そのものが、実ははなはだ怪しいのではないでしょうか。

ただしここで気をつけなくてはならないのは、他方で選択肢の幅をむしろ狭める方向にも、世の中は動いているという点です。これは微妙ですが重要なポイントです。

前の章で述べた「選択肢の過剰も感覚刺激の過剰の一環」という話と矛盾するように聞こえるでしょうが、さにあらず。選択肢の過剰と選択肢の限定、そのふたつの組み合わせによって、現代コマーシャリズムは巧妙な進化を遂げてきた。そのように考える理由があります。

†お勧め商法

現代社会における選択肢の限定とはどういうことか。たとえばパソコンなどで使うソフトウェアは、OS（基本ソフト）に制約されています。使いたいソフトが特定の機種やOSでないと使えず、どうしても使いたければ「機種ごと買い替えて下さい」といった経験は、案外よくあります（特に私自身を含むマックユーザーなど、マイノリティユーザーの場合には）。

またインターネットで買物をすると、頼みもしないのに「こちらの関連商品もいかが」という「お勧め」がよく画面に現れます。こういう商法のはしりは、たぶん「アマゾン・ドット・コム」あたりでしょうか。本の場合だと特に、「この本を買った人は他にこういう本も買っています」という類の情報は、ありがたい場合も多いのです。

が、今や本に限らず、音楽や衣料などインターネット商法の全領域に、こうしたサービスが広まっています。ここで問題なのは、お勧め商品以外には目が行きにくくなってしまう、つまり選択肢がやんわりと（しかし現実に）狭められている点でしょう。

近未来を描いた映画やドラマを観ていると、個人情報が、好みや性癖まで含めてすべてコード化され、ユビキタスなインターフェースに構築された世界が描かれています。ただ街を歩いているだけで「XXさん、もうお昼はお済みですか」と呼びかけてくる。「まだなら是非YYサンドウィッチで……食後のコーヒーは香り豊かなZZコーヒーで……ところで、隣のAAミュージックでは、お好みのアシッドジャズの新盤が出ています……」といった調子で。

おそらくこれに類することは遠からず実現する、あるいは見方によってはすでに実現していると言うべきなのでしょう。それをユートピアと捉えるか、悪夢のようなアンチユートピアと捉えるかは見方次第、というところでしょうか。

†選択肢の管理、制御

家具などの大型物販店では、品物を自分の目で選んでから倉庫で探す仕組みがあります。日本でも最近増えているそうです。家具チェーン「イケア」が、この新商法と共に上陸して、ひところ話題となりました。

顧客はまず、デパートのような普通の展示フロアでベッドやテーブルなどを目で見て選びます。それから型番を控えて自分で倉庫まで取りに行く、というスタイルです。自分で手を触れて品質を確認できるし、店側の人件費のコストが抑えられ、値段も安くできる。ということで評判は必ずしも悪くはないようです。

もちろん先のソフトウェアの場合でもインターネットやユビキタス商法の場合でも、最終的な選択権は言うまでもなく個々の消費者の側にあります。勧められていない商品を他所《よ》で見つけて選ぶ権利は、まだあるわけです。だからこれだけで直ちに「選択肢を狭めている」とか「自由を制約している」というのは言い過ぎでしょう。

ただ、「他所」ってどこでしょう。そこでもまた、同じようなお勧め情報にたちまち取り囲まれるだけなのではないでしょうか。最終的な選択権が仮に消費者の側にあるとしても、そもそもの選択肢の範囲をコントロールする力は、市場の側、生産者の側により偏ってきているように見受けられるのです。

その上、私の個人的な観察によると、実際の展示商品は種類、品数ともに、案外限定されています。考えてみれば、このシステムに限らず、展示も広告もされない品物は、まず売れることがない道理です。ということは、店側が顧客の選ぶ商品の幅を、完全に管理できているということでもあります。

これは何も大型物販店だけの話ではありません。あらゆるカタログや広告、消費者情報の全般に通じる話です。良品であっても、存在を知らなければ買えない。良品でなくても、目につくチョイスの中から選ぶより他はない。当たり前の理屈です。

自由は選択肢の幅の広さに依存すると考えるのが普通です。少なくともその観点からすれば、ここでは明らかに自由が制限されているように見えます。

†ボーダーレス広告、インフォマーシャル、ドラマーシャル

最近ではTV番組や新聞、雑誌記事なども、単なる広告と見分けがつけにくいという現象も起きています。特に多いのは新製品とか、健康食品、レストラン、観光地の「取材記事」など。昔は「提灯《ちょうちん》記事」などと言いましたが、最近では「企画記事」などと曖昧な呼び方をしているようです。

これはスポンサーにとっては確実に宣伝効果を上げるメリットの大きいやり方なのでしょう。しかし逆に言えば、消費者はより影響されやすい、よりヴァルネラブル（無抵抗）であるということも言えそうです。

消費者が頼りにする判断基準が、従来マスコミからの情報であったことを考えれば、問

題です。選択肢を「強制はしないが限定している」という意味で、先のインターネットの「お勧め」と似た機能を果たしています。

クイズ番組の賞品がそのままスポンサーの商品になっていて、さりげなく広告にもなっている。これは昔からあります。また、バラエティ番組の中で「コーナー」を設けてさりげなく新製品を解説、宣伝したり、というのもしばらく前からありました。ただこれらはまだ、スポンサーの肝入りだというのが誰の目にも明らかなぶん「まだ罪が軽い」ともいえます。

しかし最近は、広告の新しい手法として、意図的に広告と中身のボーダーレス化を日指す傾向がはっきりしてきました（以下、「朝日新聞」二〇〇八年二月二四日の記事などを参考にしました）。

ひところ話題になったのは、日産がスポンサーだったバラエティ番組の例です。日産のCMをネタにしたコントを、バラエティ番組内で展開したのです。正味四〇分余のうち、延々半分近くをゴーン会長など日産関連のコントで構成したこともあったといいます。

番組の中身と連動したCMという意味で、インフォマーシャルと呼ばれます。このような番組と広告が融合する形式が、次々と模索されています。たとえば（日産に対抗したわけではないでしょうが）トヨタ自動車提供のある青春ドラマでは、出演俳優六人がCMでも共演し、「ドラマーシャル」の華々しい事例となりました。その結果、CM制作費全体で六分の一程度のコストですむという、予算上大きな効果もあったのです。

またしばらく前からドラマの中で、最新の飲み物や車、家電製品などをさりげなく、でも目立つように小道具として配置し、視聴者の注意を引く手法もよく使われています。要は番組内広告です（ドラマーシャルの一手法、またはプロダクト・プレースメント）。商品をドラマ中でアピールする手法ですね。主演男優が格好よく飲むビールや清涼飲料水、愛車、女優の使うコロンから衣装まで、全部こういうプレースメントだったりします。

NTTドコモの新機種発売に合わせ、携帯電話が展開の鍵になるミステリードラマもありました。またJALがスポンサーのミステリードラマで、フライトスケジュールや飛行機の機種などが事件のカギになっていたりするシリーズも。このようなプレースメントを施した上、先ほどふれたようにスポットCMで主演の俳優、女優が似たような役回りで登場したりするので、ますます広告と番組の中身の区別はつきにくくなっています。「CMは見ないで飛ばされる時代。違うやり方で認知度を上げる必要がある」というスポンサー側、CM制作者側の意図が見え隠れしています。

さらにCMソングと新人歌手の売り出し、フィギュアやハンドバッグなどの小物を全部トータルにコーディネートする、タイアップキャンペーンというのもよく見かけます。従来独立だったさまざまな市場を、全部リンクし連動させて波及効果を期待しようという狙いです。
　こうした試みはまだ今のところ、思いつきや無手勝流の域を出ていないようです。幸か不幸か、期待したほどの効果は上がっていないのです（期待過剰なだけとも言えますが）。そのせいか一時ほどの隆盛は見られません。といってこれがこのまま廃れるとも思えない。似たような手法が新たな装いと理論武装を持って登場し、長期的にはむしろこちらが世の中の主流になると予想できます。

†テクノロジーが倫理を無効にする？

　このような動向の背景には、テクノロジーを含む環境の変化があります。ハードディスクレコーダー（HDR）の普及、タイムシフト視聴の増加など。実際HDRユーザーの二三パーセントが番組再生時にCMを全く見ずに飛ばしているという調査結果もあるそうです。全部ではなくても八割以上のCMをスキップする人と合わせると、全体の五割以上になります。またこれとは別に、五割以上は「ながら視聴」というデータもあるそうです。
　TVはもはや第二の空気なのです。だから、「ながら」でも関心を引くCMを工夫する必要がある。そしてこのような傾向は若い世代ほど強いのです。女性二、三十代前半では、実に「ながら」が六〇パーセントを超えています。

ところで本来放送法では、CMと番組の区別を明確にするように定めています。が、このようなテクノロジー環境の変化と、あくまで広告のコストパーフォーマンスを求めるスポンサー、広告業界の動機が、倫理をそもそも成立しにくいものにしている。それより何より、聴取者の側が「空気のように」抵抗なくそれを受け入れようとしている。これからはますますそうなるだろうと予測せざるを得ないのです。

ここでも、CMによる誘導と消費者の選択の自由とが矛盾なく両立しはじめています。自由と制御の重なるゾーンは、さりげなく増大しつつあるのです。

†狭める、誘発する、気づきにくくする

現代コマーシャルの最新戦略として、ふたつの例を挙げてきました。ひとつは選択肢の制約。もうひとつは広告と中身のボーダーレス化、でした。

現代社会は選択肢を狭め、誘導する方向に動いている。その意味が十分にわかっていただけたと思います。ここで大事なのは、単に選択肢の幅を狭め誘導する方向、というだけではないことです。選択を行動として誘発し、しかも「さりげなく」「気づかれないよう

に」誘導するという点に現代コマーシャリズムの特徴があることです。先に挙げた商品の取材記事や、タイアップ番組のように。

まとめれば、①狭める、②誘発する、③気づきにくくする、ということです。この戦略によって、消費者が自らの自由意思で企業側の望む選択をしてくれるという構図がみごとに実現します。

このように言うと、被害妄想に過ぎるという人もいるでしょう。一理あります。なに昔だって、店に行ってそこに並んでいる商品から選ぶしかなかったではないか。昔だって、街角に店の看板ぐらいはあっただろうと。ただ、その同じ作用がグローバルに大量に起きている点、仕掛ける側がコントロールする余地がさらに広がっている点、そしてさりげない、という三点が違う、それだけの話です。その三点が実は大きいと思うわけです。

こういうさりげない選択肢の管理、制御が、流行の仕掛けや「大衆誘導」の、実はもっとも現代的なやり方になっている点に注意しなくてはなりません。

情動系／報酬系の引き金を直接引くようなやり方で、大衆操作がますます進んでいます。しかしそれにはさらに裏戦術があり、それがすなわち選択肢のさりげない管理だったのです。

†制御と自由は両立する

もう一度問いたいのですが、消費者の自由とはいったい何でしょう。

それに絡めて、私がなぜ一方的に自由が制限されているとは考えず、両立するゾーンが拡大する、と再三述べてきたのか。なぜそう考えるのか。この章や本全体のまとめに向けて、もう一度整理しつつ補足説明しておきたいと思います。

私が両立説を採る第一の理由は、自由も不満（＝不自由感＝被制御感）も、いずれも同じ「想像する」能力から来ているからです。少し説明します。

もしあちらを選んだらどうだっただろう。そういう想像力が自由の実感の決め手にもなり、不満の原因にもなります。だがその想像力は、選択肢の幅や中身とその目立ちやすさに依存しています。少し詳しく言うと、注意を引きやすい目立ちやすさ（saliency）が、一方では定位反応（そちらに向かう反応）を引き起こしやすくします。

そして他方では、選ばなかった選択肢についての想像、つまりもしそちらを選んだらどうなったかという内部シミュレーションを引き起すというわけです。

わかりやすい例として、迷ったあげくにオーディオや車などの大きな買物をした場合を考えましょう。その日のうちにライバル商品の広告やＣＭがやけに目立ち、また買った商品の欠点がますます気になり出す。皆、似たような経験をしているはずです。「あちらを選ぼうと思えば選べた」という実感が自由をもたらします。それと同時にそのシミュレーションの結果によっては、ただちに後悔と不満につながるわけです。このように自由と不満は、実は選択肢という同根から発しています。

両立説の第二の理由も重要です。注意と報酬は補完的でありまた相互促進的だから、という理由です。多少説明が要りますね。

「注意経済」ということばを、先ほどは説明抜きで使ってしまいました。広告で「消費者の注意さえ引けば、その時点で売り上げにつながる。注意そのものが利潤となる」という最近の考え方を指します。つまり宣伝して注意を引かなければ売れない。逆に効果的な宣伝をすれば（品質にかかわらず）ある程度は売れる、こういう考えです。制御と自由という文脈で言えば、言うまでもなく「制御は可能」という立場です。

古くは新聞雑誌の広告、ＴＶコマーシャル。最近ならインターネットのバナー広告や携帯の動画スポット、果ては球場や競技場のフェンスなどのバーチャルなスペースまで、すべて当てはまりますよね。それぞれの広告代価は、この注意経済の考え方で算定されているといってもいいでしょう。

これは当然の考え方のようで、案外そうでもありません。実際の広告の八割以上がもとがとれていない」失敗広告だという説があります。莫大な広告費をかけながらまったく売れなかった大型の失敗も、車や映画などではよくあります。これはどうしてか。消費者は潜在的にせよ自分が欲しいものを熟知していて、それに沿うものでないと見向きもしないからだ。これも一理あります。「制御を打ち破る自由」とも言い替えられます。

　この後者の立場は「報酬説」と呼ぶこともできるでしょう。消費者はそれぞれにとって報酬価の高いものにしか、そもそも注意を払わない。もっと端的に言ってしまえば、人は見たいと思うものしか見（え）ないのだ、と。

　図17を見てください。何に見えますか。訊く相手によって答えがちがうことがあります。おとな、とくに中年男性だと「裸で絡み合っている男女」という答えが多いでしょう。ところが一〇歳ぐらいまでのこどもたちに訊くと「イルカ（ドルフィン）」という答えが多く返ってきます。両方見える人も多いのですが、「他には」とさらに訊かれても、「ドルフィン」と返ってこないおとなも多い。逆に「人なんかいない」と答えるこどももいます。まさに皆、自ら見たがっているものしか見えていないわけです。

　さて、この注意経済説と報酬説はどちらが正しいでしょうか。お察しのように、両方と答えるしかないのです。序章で詳しく紹介した「視線のカスケード効果」を思い出してもらえばわかる通り、注意の偏り＝定位反応が選択の前駆過程に他なりません。しかしいっ

図17　何に見えますか？

たん選択すれば、帰属など後づけの認知過程を経て、後の選択を決める報酬構造へと組み込まれます。

他方、先のデモでもわかるように、人は確かに報酬のあるものしか見ない。しかしその報酬構造はどこから来たかと言えば、過去の外界との相互作用、とりわけ注意の作用を含む相互作用の来歴によって決まっているわけです。

†制御と自由の棲み分け

もう十分かも知れませんが、両立説の第三の、もっとも決定的な理由を述べます。一言で言うと、制御と自由は時間軸上で棲み分けている、ということです。まず神経科学や認知科学の立場からすれば、選好や選択は、当然それに先立つ神経メカニズムの機械的作動によって決定されています。そこから選択が予測できるという意味で「プレディクティヴな過程」と呼びたいと思います。行動科学も神経科学も、すべてこの過程を見てきたわけです。この過程は主に潜在的で自覚できない場合がほとんどです。

さて、ひとたび選択行動が起こるとどうなるか。自分の選択行動を振り返って、認知的な解釈が起きます。すでに説明した帰属過程がここに働くわけです（試験の例、一七一ページ）。満足や後悔もこの結果起こります。これを後付けの解釈という意味で「ポストディクティヴな過程」と呼びましょう（この語は英語の辞書にはない言葉で、類似の知覚研究から発した造語です）。

自由は、こういう事後の後づけの原因帰属によって決まります。誰か（何か）に明らかに強制されたという因果推論が成り立たない場合に、人は自分の内側の「自由な」欲求に帰するのです。

すでに説明した通り、自分の好み、選択について自分で「理由づけ」をするのですが、そこで理由づけの間違い、ラベリングの間違いが起きることがあります。そしてその間違いには気づかないことも多いのです。

†選択盲

この間違いに気づかないことの極端な例として「選択盲（choice blindness）」という現象が知られています。私のプロジェクトのメンバーで共同研究者であるP・ヨハンソン博士らが数年前に報告しました。

彼らは、先に述べた私たちの顔の選好実験のように、ふたつの顔の写真カードから、より好ましい顔を選ばせました。その直後実験者はいったん写真を手許に回収し、再度それを見せながら「なぜこの顔を選んだのか、理由を聞かせてくれ」と被験者に訊きます。被験者はたいていとどこおりなく答える。

そこから先にこの実験の秀逸なトリックがありました。実験者はときおり、わざと選ばなかった方の顔写真を取り出して、さりげなく「今あなたが選んだ写真ですが、選んだわけを説明して下さい」と言うのです。

さて、驚きの知見その一。被験者はほとんどこの実験者のトリックに気づきません。条件をできるだけ見つけやすくしても四〇パーセント、たいていは二〇〜三〇パーセントぐらいしか、実験者の嘘を発見できないのです。しかも、一度やられて警戒していても、またひっかかります。

もっと驚きの知見その二。被験者は単にすりかえに気づかないばかりか、すりかえられていない場合と同じようにとどこおりなく、疑念もなくすらすらと理由を述べます。細かいプロトコル（言語による報告）分析の結果も、質的になんら変わりはないことを示しているのです。

このような事実は、全体として何を示しているでしょうか。まず第一に、選択行動そのものはプレディクティヴで、大部分潜在的で、かなり機械的、決定論的な過程で決まるということ。そこで具体的にどういうメカニズムが働くかは、意味やイメージの連合、条件づけ、記憶の効果などに分けて、縦横に論じてきたつもりです。

そして第二、その行動が「自由な」選択であったと感じるかどうかは、ポストディクティヴで認知的な過程によって決まります。たとえば原因帰属の過程のような。もちろんこの過程自体だって神経系の働きだから決定論的なのでしょうが、その結果である心的内容としては、たとえば「自由な選択」「強制された」というようなラベル付けとなり意識されると考えたいのです。

選択盲の場合には、はじめから「自由な選択だった」という前提のもとに脳がその理由をファブリケート（捏造《ねつぞう》）していると考えられます。しかしポイントはそれが捏造であるところにあるのではなく、むしろ捏造であっても本人はそれと気づかないこと。そして捏造でない場合と比べても質的に変わらない理由づけをためらいなくした点にあります。もっと言ってしまえば、実験的なすりかえのない、日常の選択の場合ですら、脳はその都度理由を「捏造」しているのではないか、と。

つまりプレディクティヴな過程で実質制御されていながら、ポストディクティヴな過程で「自由」の感覚が広がるということは、おおいにあり得ると思うわけです。実際、昨今の若者文化、特にファッションや音楽、流行語などで起きていることは、まさしくこれを思わせます。彼らは（というか、私だって）縦横に踊らされながら、万感の自由を満喫している……。

こうして一見社会システムや倫理／価値観の問題に見えた自由が、実は、すぐれて潜在認知の仕組みの問題であることに思い至るのです。

†私たちはどこへ行くのか

前の章とこの章を併せて、くどいようですが確認しておきたい点がいくつかあります。まず第一に、刺激の過剰の影響も、選択肢の管理の影響も、主に潜在レベルで起こります。

あちこちですでに述べたように、脳の情報処理のうち、意識に昇るのはごく一部にすぎません。特に感覚刺激については、意識の海面下で大量の情報処理が行われています。また馴化や順応も、おおむねこうした潜在レベルで起きます。実際、これが理由で私たちは、ふだんは刺激の過剰に気づいていないわけです。

したがって、先に危惧したような何か大きな変化があるとすれば、まずは潜在脳の部分で起きるのではないかと予想されます。ストレスの増大と絡めて、すでに述べた通りです。自分も与り知らない潜在脳が、刺激に勝手に反応してからだを動かしてしまう。前章で紹介した「速度の感染」の実験結果も、その証拠と言えないでしょうか。

第二に、情動系と認知系とを分けて考える必要があります。そして特に、前者への影響に注目する必要があります。この点はこれまで説明不足だったかも知れないので、わかりやすい例をひとつだけ挙げます。

最近のDVDプレーヤーは早送りができて、しかも会話をなるべく削らないで送る機能もついているのが当たり前です。昨今の忙しい生活の中でこれを便利に活用して、二時間の映画を二〇分で見たりする使い方が考えられます。実際若い世代は、早送り機能をそのように使っているという話も聞きました。

さて、こういう早送りビデオで、感動は伝わるでしょうか。ストーリー展開を表面的に追うような認知的なことはできても、真に情動に訴えかけるような「感動」は伝わらないのではないか。これは私の推測に過ぎません。ただこれなどは、速度の過剰が現代人の生活にどう影響するかを考える上で、ひとつの材料を提供していると思うわけです。

†報酬系

そして第三に、脳の中の報酬系のふるまいが関わってきます。脳は報酬を与える刺激しか選びません。ある刺激を選んでその報酬が大きければ、次にはますますその刺激を選び取ろうとします。前の章で詳しく分析した刺激の過剰も、少なくともその半面は、報酬のタームで説明できます（残りの半面を説明するには、注意経済、および注意と報酬の相互作用を思い起こせばいいでしょう)。

だが、しかし。ここで奇妙な矛盾に気づきませんか。

なぜ、報酬の最大化の追究が、ストレスの際限ない増大につながったのでしょうか。それも崩壊スレスレのレベルにまで。言うまでもなく、ストレスの増大は脳の好む報酬ではないはずです。

誰もこんな高ストレスの環境を望んだわけではないのに、なぜ世の中おしなべてそうなってしまったのか。これが根幹の問題です。

ここで私は、よくある陰謀説は採りません。陰謀説というのは、よく言われるような大資本の陰謀だとか、政治と産業の結託した差し金だとか、そういう話のことです。売る側の利潤追求というのも、あるレベルでは完璧な答案なのでしょうが、私は満足できません。

そういう一面があるにしても、脳の報酬系と外界との相互作用のループがまず前提として存在する。その相互作用の方向に適わないものは、誰が何を策謀しようと長期的には廃れてしまうはずです。すべては誰かの意図とは独立に自己組織的に起きたのであり、それだからこそ問題の根は深いのです。

しかしそう言ってしまっては「報酬の最大化の追究が、ストレスの際限ない増大につながったのはなぜか」という根幹の問題が不問に付されたまま終わってしまいます。

ここで再び思い当たるのは、神経科学の最新知見、特に薬物などのアディクション（中毒）に関わる知見です。

そうした研究によれば、中毒になるのは、摂取による快が大きいからではありません。むしろ苦痛が摂取によって軽減されない、あるいはごく一時的にしか軽減されないからだそうです。これを「渇仰《かつぎょう》」という術語で表現する専門家もいます。

関連して「嗜好（liking）」と「欲求（wanting）」とを、脳内メカニズムとしても分ける考え方もあります。中毒状態を「好きではないのに欲求が異常に昂進した状態」と捉えるのです。健常人でも、極端に辛いものや苦いものにハマることがあります。案外連続性があるかも知れません。

またストレスのレベルが高いと摂取への欲求も高まるとか、いったん治っていた中毒が高ストレス下でまたはじまってしまいやすいという研究もあります。

専門的に細かくいうと、これらはそれぞれ違う話なのですが、共通点もあります。共通しているのは、苦痛やストレスと快の二重性、相関性という点です。今のところは中毒患者やその動物モデルで示されただけの話です。が、現代人の脳が置かれた状況を理解する上でも参考になるのではないかと感じます。

もう一点、ポケモン事件のところであげた、情報処理のピークと興奮度のピークがずれているという話。右側の危険な崖に向かってプレッシャーがかかっているというグラフ(第2章、一三〇ページ)。あのあたりを併せて考えていただければ、納得いくのではないでしょうか。このようにして、報酬の最大化の追究がストレスの際限ない増大につながるのです。

自由と強制とは次第に矛盾しなくなっている。このふたつの重なるゾーンが限りなく増大することが現代社会の特徴である。そういうことをくり返し述べてきました。これと重なる意味で、次のように言ってみたいのです。今や、苦痛と快楽の距離が近づいている。その重なるゾーンが増大している、と。

†政治の世界へ

経済社会の成熟は選択肢を増やすことで消費者の自由に貢献したかと思いきや、その幅を制限することでさりげなく自由も制御しようとしているようにも見えます。

しかしこのように、潜在認知や情動系に直接(それも本人も与り知らぬうちに)働きかけるやり方が、商売や流行に限定されているうちはまだいい、という言い方もできます。すでにふれてきたように、市場における「自由」なんてはじめから限定されたものだったとも言える。それに消費行動や流行なんて、人間の本性や権利に関わる本質的な問題とは関係ない表層の現象だと言い張ることもできるからです（実は、そうとばかりも言えないことを指摘したわけですが）。

しかし、似た問題が選挙や政策、さらには紛争などに関わる政治的な領域でも指摘できるとしたら。そうなると事態は深刻です。それは人間の本性や権利、そして責任といった政治哲学の根幹を揺るがしかねないからです。

潜在認知を巡る類似の事態が、政治の世界にも浸透しつつある。今や、心の潜在的な領域は金になるばかりか、票になる。そこに現代社会特有の尖鋭な問題が突出している。

これが次の章のメッセージとなるはずです。

第4章 情動の政治

前の章の問題意識をそのまま受けて、この章では政治現象の基盤にある情動と潜在認知の構造を見てゆきます。

†大衆誘導の時代？

9・11以降の対テロリスト戦争を巡って、米国ではメディアの報道バイアスが改めて問題となっています。

有名なところでは、イラク戦争の大義名分となったイラクの大量破壊兵器疑惑や、イランの核開発疑惑、テロリスト集団アルカイダを巡る政府関係機関の発表など。これらはいずれも、まったく事実無根だったか、あるいは極端に歪曲した発表がなされたことが、次第に明らかになっています。そもそも9・11の事件そのものからして、当初報道されたアルカイダの一味の仕業であったかどうか、また仮にそうであるとしても背後に誰がいたのか、真相は未だに闇の中です。

より問題なのは、政府側が戦地のみならず「テロとの戦い」のあらゆる分野で厳しい報道管制を敷き、それに応じる形で大手マスメディアが追随したことです。歪曲を増幅する働きをしたのです。

日本ではあまり知られていませんが、一九九一年一月に勃発した湾岸戦争以降、CNN

をはじめとする米国のネットワークや新聞などのメディアが、政府またはネオコン寄りの資本によって次々に買収されていった経緯もありました。それによって、外国人や特別なインテリを除いて、米国民は報道の偏りを知らず、また知りたくても知る由もない立場に追いやられたのです。私も米国在住の外国人のひとりとして、このことを痛感しました。

イラク戦争ではまた、初めてリアルタイムで戦闘が伝えられ、まるでテレビゲームのようにミサイルが正確に目標に命中する映像が繰り返し流されました。「TVゲームウォー」「ニンテンドー（任天堂）ウォー」などと呼ばれたゆえんです。

またその一方で、天安門事件以降の中国や、ウクライナ近隣諸国の民主化運動のように、インターネットを通じた「草の根」の運動が政治を動かしたと目されるケースもあります。しかしこれらとて、「民衆の善意が政治を動かした」と解釈できるほど単純ではありません。彼の地で本当に起こっていること、あるいは仕掛けられていることと西側向けの政治プロパガンダとの間には、大きな隔たりがあると警戒した方が良さそうです。

このように、ITの発達と資本や政治権力の介在によって、問題は複雑化しています。その「複雑化」にはいろいろな側面があるでしょうが、ここでは特に人々の意識下の認知過程に注目しながら、そうした情報操作のメカニズムを分析してみたいのです。

†雪だるま式に独り歩き

不確かさの下《もと》では、人の判断にはバイアス＝偏りが生じます。そのバイアスには大きく二通りあります。

送り手が情報を選んで流すことで、情報そのものが偏るというのがひとつ。「サンプリングバイアス」と呼ばれるものです。先に述べた米国のメディアの現状は、これが大きいと思いますし、日本のメディアもそれに近づいていると思います。

もうひとつ、人々の側にも自分の信じたいものだけ受け入れる傾向があるので、その方向の情報だけが記憶され、行動に影響する、という受け手の側のバイアスもあります。「動機のバイアス」とも言います。このふたつが重なると、どうなるでしょう。人々の嗜好に応じる情報を送り手が選んで供給し、今度はそれに人々の嗜好が影響される。そういうことがくり返されると、情報は事実から離れ、雪だるま式に独り歩きをはじめるのです。

インターネット上の噂を利用した株価操作や、新作映画のプロモーションなども目立ち始めました。映画で特筆に価するものとして、一九九九年米国で封切られた『ブレア・ウィッチ・プロジェクト』があります。事前にインターネットで「プロジェクト」に関する噂を意図的に流し、ＴＶや出版も巻き込むメディア・ミックス。これを最大限に活用して、超低予算ながら大きな宣伝効果をあげました。

東芝の顧客対応をネット上で個人が告発した事件なども、いずれも情報が独り歩きすることの威力と怖さを示しています。政治家や警察のいわゆるリークも、同様の情報操作と考えられます。「独り歩き」のメカニズムを経験的に熟知していれば、それを逆用することは容易なのでしょう。

†知っていても防ぎきれない

このような操作ができるのは、受け手の認知機能が不完全だからでしょうか。そうとばかりも言えない事情があります。

もともと動物は生存のために、不確かな状況でもすばやく反応することを強いられます。じっくり分析してからでは間に合いません。すばやく反応できるのは、特定の刺激が引き金となって、型にはまった行動を引き起こす反応図式を持っているからです。これに情動系が寄与し、また逆にこうした反応図式が情動の基盤ともなります。

たとえば七面鳥では、ヒナ鳥の鳴き声が母親行動を誘発します。イタチの剝製にヒナ鳥の鳴き声を発するスピーカーを仕込むと、天敵であるにもかかわらず、親鳥はそれを自分の翼の下に抱えこんでしまいます。それほどまでに、こうした反射的行動は特定の刺激に対して（他の刺激や状況は無視して）定型的なかたちで起き、修正が利かないのです。

言うまでもなくヒトでは経験や文化の影響が大きいのですが、それでも「型にはまった反応」という点では例外ではありません。あるチャンネルに働きかければ、一定の反応が得られる。そしてそれは、たいていの環境においては適応的（だった？）のです。序章で紹介した、VRの断崖絶壁の例を思い出してください。イリュージョンに過ぎないとわかっていても、恐怖でしゃがみこんでしまったり、からだが金縛りになって脂汗が流れることの意味を考えていただければ、よくわかるはずです。

これらは一見生理学的に刷り込まれた恐怖のように思えるでしょうが、実はそうでもありません。実際赤ちゃんでは、誕生直後から断崖の奥行きの違いを知覚しています。が、初めは怖がりません。この奥行き知覚が、落ちると痛い、怖い崖であるというふうに恐怖の情動と結びつけられるには、何度か実際に落ちて痛かったという経験が必要なのです（コーネル大学のE・J・ギブソンらによる古典的な研究）。

型にはまった反射的行動でありながら、学習によって変わる可塑性も持つ。この点は、（後でまたふれるつもりですが）情動を考える上で見落とされがちだが重要な点となります。

動物や赤ちゃんの事例から言いたかったのは次のことです。つまりイスラム＝テロリスト＝恐怖というような、はなはだ恣意的でこじつけ気味の連想であっても、いったん刷り込まれてしまえば同じように有効に作用してしまうのです。

また心理学的な面からいえば、ヒューリスティクと呼ばれる心理ルールや、ステレオタイプなどは、ヒトの認知レベルでのそうした反応図式の例と考えていいでしょう。ヒューリスティクという語は第1章（七五ページ）でも触れましたが、「こういう場面に直面したら、こうする」という型にはまった解法のことです。

こうして、条件反射やヒューリスティクによる問題解決は適応的でありまた自動的であるため、それに働きかける世論操作や大衆誘導に対しては、その影響から逃れ切ることは難しいのです。

†無意識へ働きかける危険

たとえば、自衛隊の海外派遣という具体的な問題を考えてみましょう。これについて政府が、国民の同意を混乱なく、すみやかに取り付けたいと考えたとします（仮に、の話です）。どういう手順が一番良いでしょうか。

あえて中身が曖昧なままでも、とりあえずの大義名分に大筋の合意だけ取り付けてしまう。そうすれば、細部や具体的な法整備にも合意を得やすくなるかも知れません。そこには「最初のコミットメントに対して後の行動の首尾一貫性を保つ」という潜在心理のルールが働くからです。

またすでに少しふれたことですが、最近の米国では、セキュリティ＝国防＝愛国という反応図式が、政治的に使われています。イスラム原理主義者＝テロリストというステレオタイプと相まって、ますます戦略的に利用されている観があるのです。くり返しタイミングよくこのチャンネルに働きかけられると、この「愛国」反応図式はますます人々の情動／認知過程に刷り込まれ、思考や批判が停止してしまう恐れもあります。

話は過去に飛びますが、一九三八年一〇月のある日、米国で「火星人の侵入」の緊急ニュースが突然ラジオから流れました。実はオーソン・ウェルズのSFドラマの冒頭だったのですが、そこだけ聞いてショックを受けた人々が荷物をまとめて逃げはじめ、全米的な大パニックが起きました。

社会心理学者H・キャントリルは、たまたま予定していた大規模な社会調査を、機敏にもこのパニック騒動の調査に切り替えました。そしてすばやく調査を行って報告を本にまとめ、パニック社会心理学の古典として名を残しました。

このときの大衆操作は偶発的とはいえ、マスメディアの威力を知らしめる結果となりました。恐怖の情動を刷り込む、また刷り込んだ情動にトリガーをかけるという点で、マスコミの力は大きいのです。その後、メディアとコマーシャリズムの発達とともに、送り手が受け手の認知過程を、なかば意図的に操作するようになりました。

他方で、すでに述べたとおり、受け手の「型にはまった反応」は、無意識の心理反射ともいうべき性質があります。というのもこの無意識の心理反射には、情動脳とも呼ばれる、自動的な神経回路が関わっているからです。大脳新皮質が意識や思考、意思の座だとするなら、その下を流れる無意識的な感情と感覚－運動の回路、「報酬」と行動を結びつける回路こそが情動系です。情報操作の効果は、こうした潜在的な認知レベルに顕われることになるわけです。

しつこいようですが、このことはただちに特有の危険につながっています。というのもまず第一に、（これはよく誤解されるのですが）自動的で反射的でありながら、情動回路は学習して変化します。経験を通して変わる（変えさせられる）可塑性を持っています。第二に、こうした反応はむしろ「適応的な」反射的反応であり、だから頑健で排除しにくいのです。第三に、人は無意識のレベルへの潜在的な働きかけに対しては、一般に無抵抗です。最後に、パニックやヒステリーなどの反射的反応は集団に感染しやすく、これもまた意思による制御が難しい原因となります。

†エピソードの力、登場人物の力

よく新聞の記事などで、特定の登場人物の特定の物語が出てくることがあります。たとえば難病対策の遅れを語るのに、話のまくらとしてその患者のひとりを採り上げるとか。あるいは被災地の苦難を伝えるのに、特定の家族のキャンプ生活を採り上げるとか。また単に特定の人物が登場するだけではなく、ある程度、起‐承‐転（‐結まではなくても）があるのが特徴です。

理屈を超えて、情動に直接訴えかける、読者を説得するという意味で、特定人物のエピソードを伝えるのは、どうやら定番化した効果的なやり方のようです。またその効果は何も新聞記事に限らず、映像ドキュメンタリーでも、映画でも一緒のようです。

否応なく説得されてしまうという意味で、エピソードや物語というのは、情動に特化してアピールするような、よく出来た仕掛けと言えます。言うなれば、人類が発明した一種の「装置」なのです。

この装置が、文学やフィクションの世界で使われているうちは、まだよかった。また報道でも、実在に基づいて誇張なく全体の真実を代表させているうちは、まだよかったのです。ところが昨今では、これが政治的な世論操作にも活用されるようになっています。

一九九七年のハリウッド映画『ワグ・ザ・ドッグ』は、ロバート・デ・ニーロとダスティン・ホフマンの二大スターが競演した傑作でした（この変わった題名は、犬が尻尾を振るのではなく、逆に犬が尻尾に振られてしまうということから、本末転倒といった意味です）。ハリウッドの辣腕プロデューサーと大統領がグルになって戦争を演出し、捏造までしてしまうというとんでもない話。大衆操作を巡る政治状況を、フィクショナルに誇張し揶揄したという点で秀逸な政治コメディだったのです。が、その後の現実の経過を見ていると、もはや誇張などと言っていられなくなってきました。

戦場の孤児、片足を失った少女。イラクで人質になって生還し、一躍「戦場のヒロイン」となった女性兵士。そして戦火の中、あえてボスニアを訪問したヒラリー・クリントンなど（この最後の例はすぐに嘘がバレてしまいましたが）。

米国の政権担当者は明らかに意図的に、こうしたエピソードの力を使っています。半面で、たとえばイラク国民の死者総数など、自分に都合の悪い情報は「戦時」を言い訳に徹底的に報道管制し、その結果おおよその桁数の推定すらおぼつかない状況が続いています。

†大統領選の心理

四年ごとの米大統領選挙は、こうした大衆誘導テクニックの渦です。

二〇〇四年、民主党ケリーと共和党ブッシュの大接戦。そして二〇〇八年。この原稿を書いている二〇〇八年夏の時点で言えば、民主党の最後までもつれた熾烈な候補争いがオバマ氏の勝利で一応落着し、本選挙に向かって共和党マケイン氏との長い戦いに焦点が移りつつあるところです。

この本が出る頃に状況がどうなっているかはわかりませんが、いずれにせよ米国の政治状況が、極端な広報合戦、人々の潜在認知に働きかける大衆誘導の応酬になっていることは変わりません。大統領選キャンペーンや戦争を巡る応酬は、そのはっきりした例であるに過ぎないのです。

スキャンダルやあら捜しに基づく怪しげな発言や情報がまず流れ、その真意や事実関係の真偽を巡って行きつ戻りつする、という現象が頻発しています。

先に触れた、イラクで捕虜になって生還した女性兵士のストーリーにしても、政権担当者とマスメディアによって祭り上げられた虚構だったことが、他ならぬ当の女性兵士によって暴露されています。またイラクの大量破壊兵器疑惑にしても、米政府そのものや国連の関連機関によって完全にシロと結論されました。要はまったくのでっちあげだったか、少なくとも薄弱な根拠に基づく意図的な歪曲だったことがはっきりしたのです。

米国政府ともあろうものが、なぜそんな早晩バレる茶番を進んで広めまわったのか。そうぶかしむ向きもあるかも知れません。そういう人は残念ながら、まだ事態の深刻さを理解していません。

真っ赤な嘘だとばれたところで、それがどうしたというのでしょう。極端な話、一週間後に嘘がばれてもいいのです。一週間もあれば恐怖を刷り込むのには十分ですから。これらの怪しげな発言や情報は訂正されても完全に記憶から消え失せることはなく、世論に一定の持続的影響を持ってしまいます。

実際イラクでは、これまでに二五〇〇人を超える米側の兵士、軍属の生命が消尽されています。イラク民間人の犠牲者に至っては、数万とも十数万とも言われますが、徹底的な報道管制でケタ数さえわかりません。それに加えて二〇〇〇億円規模で増え続ける米ドルの負担も石油価格の高騰も、ブッシュ陣営の嘘も交えた「ホームランド・セキュリティ(米国の危機と安全)」キャンペーンで、かなり効果的に覆い隠されてきたのです。

皮肉なことにと言うべきか巧妙にもと言うべきか、自分たちが招いた危機が、相手への非難に逆にリアリティと根拠を与える仕掛けになっています。事柄の真偽にかかわらず、危機感を煽れば引き金が引かれる。それがこのキャンペーンの特徴なのです。

†潜在記憶は消せない

これらの報道を見ていて、潜在記憶に関する心理学者の研究を思い出しました。

まず、L・ジャコビらによる「一夜で有名になる」と題する興味深い実験があります（一九八九年）。彼らはまず無名の人々の名前をたくさん集め、声を出して読み上げるだけの課題を与えて被験者に経験させます。後で有名人の名前を混ぜたリストを与え、「有名な人か否か」を判断させると、無名人の名前がしばしば誤って有名と判断されたというのです。

経験したことによるなじみ深い感じ（親近性）は残っても、どこでどのように経験したかの記憶が曖昧になっているため、と解されます。神経心理学の方では出典健忘などと呼びます。先の「対テロ戦争」でいえば、「イスラムのテロリストは邪悪だ」というメッセージだけが残り、それをどこで誰に吹き込まれたかは忘れてしまうというわけです。

この研究にヒントを得たUCLAのE・ビジョルクらは、次のようなトリッキィな操作を加えました（二〇〇三年）。同じく無名人の名前リストを与えて一通り覚えさせてから、今度は実験者が突然頭を掻いて、こういうのです。「おっと、しまった、このリストは間違いだった。正しいものを渡すから、このリストはできるだけ忘れてくれ」と。

言うまでもなくこれがすべて実験操作なのです。その上で先の実験と同じように後で「有名度」を判断させました。すると、「忘れろ」と言われたリストは、少なくとも顕在レベルでは、本当に忘れていました。たとえば名前を自分で再生してみろといわれてもできないのです。

ところが面白いことに、潜在レベルでの結果は逆でした。つまり「忘れろ」と教示された場合の方が「覚えていろ」と教示された場合よりも、「有名度」判断が平均して高かったのです。忘れようとする意識的な努力は、顕在レベルで出所の記憶を失わせる。しかし潜在レベルでの親近性は消せないし、むしろ高まる作用さえ持つということになります。

なぜ高まるかは専門的になりすぎるので省きますが、前の章で述べた原因帰属（一七一ページ）が関係しそうです。また少し別の観点から似たような例は、たとえば野球の試合でも見られます。強打者がバッターボックスに入り、心配したピッチングコーチは「この打者は内角高めが鬼門だ、どこへ投げてもいいがそこだけは避けろ」としつこく言って聞かせる。ところが投手の投げた球は、まるでヘビに魅入られたカエルのようにそこへ行き、打者は待ってましたと強振してホームラン、ということがよくあります。

私自身の経験でも、スキーの初心者だった頃、こんなことをよく経験しました。たとえば斜面を滑っていて、左前方の大木の根元に大穴が開いているのが見える。あそこに落ちるのだけはなんとしても避けたいと思って力めば力むほど、不思議なことにスキーはますますそちらに向かって行ってしまう……。

避けようと強く意識すればするほど「はまって」しまうらしい。この場合には、意図的な注意と狙って投げる（滑る）という行動とが潜在的なレベルで結びついているために、こんなことが起こったわけです。「定位」がキーワードです。先の実験の場合で言えば、意図的に忘れようとする努力が、それらの名前に注意を向けてしまう。その点で似ているかもしれません。

この記憶実験の場合、材料に使われた名前は恐怖などの特に強い情動価を持っていません。それでもこの結果ですから、ましてや刷り込まれたのがテロへの恐怖だったなら、と考えてください。恐怖を伴う潜在記憶は、訂正されたぐらいでは消えようもないのです。

†抵抗できない

この章の冒頭から述べている一連の政治現象でも、たぶん似たようなことが起こっているのではないでしょうか。

一度植えつけられた記憶は潜在レベルで情動的な反応の引き金を引き、その効果は取り消されても消えない。それゆえこうした世論操作は、もともとの市民感情が論理的、分析的な根拠に基づくというよりは、情動的、感情的な場合により有効なようです。それも取り立てて訊ねられない限り意識に昇らないような、潜在的なレベルに働きかけたときに。たとえば生々しいテロやサイコパス犯罪への恐怖、戦争につながるものへの拒絶反応など。潜在認知レベルでの操作は、自覚がなく自動的にトリガーされるぶん、抵抗しにくいのです。

昨今、米国の大統領や副大統領の戦争やテロリストがらみ（＝「ホームランド・セキュリティ」がらみ）の発言は、明らかにこの線を狙ったものだ。こう言ったら、意地悪すぎるでしょうか。だがむしろ逆に、大衆誘導や世論操作、メディア戦略とは本来、そういうものなのではないでしょうか。ことの真偽ではなく、後に残る潜在的な効果、情動的な刷り込みだけが重要なのです。

†情動に訴えるのは悪いことか

私は日本の政治に疎いので具体例を挙げにくいのですが、事態は似たり寄ったりではないでしょうか。もともと第二次大戦後の日本の世論の中では、理想主義的な平和志向がきわめて根強かったはずです。特に平和憲法の維持「ノイローゼ」と、国防、自衛隊の海外派遣などに対する「アレルギー」が、失言と訂正のくり返しの中で、いつのまにか効果的に「治療」されてきた経緯も思い出されます。

また小泉「ワンフレーズ政治」以降の政治状況も、論理的な政策論争よりはますます情動的な「水の掛け合い」という印象があります。最近の国政選挙などでは、自民・民主両党とも、政治的立場とは関係なく、「票を取れる」好感度の高い候補者選びに余念がないようです。

靖国問題では、中国人監督が大胆不敵にも撮影したドキュメンタリー映画『靖国』を巡って、情動 vs. 情動の政治抗争が繰り広げられました。北朝鮮による拉致問題など、恐怖の情動が否応なく絡む問題については、言うまでもありません（ただし拉致問題については、こうした情動面が政策の足かせになっているともとれるのですが）。

ここで一点、忘れずに指摘しておきたいのは、先の「エピソードの力、登場人物の力」との関連です。情動反応をトリガーすることがコミュニケーションと説得の有力な手段であり、物語がそうした反応をトリガーする力があるとすれば、どうでしょう。エピソードや物語に頼ることは、一概に悪いとばかりも言えないのではないでしょうか。

実際それは、日本の新聞記事やTV番組作りの定番になっています。限られたスペースの中で効果的にメッセージを伝えたいマスメディアとは、相性が特別いいからです。それが逆に困りものなのです。何しろくり返しふれたように、物語は情動の引き金を引く、よく工夫された装置なのですから。

†マスメディアの「潜在的な」威力

今の政治状況は、先の広告やCM、マーケティングの状況と似てきています。その意味は、先に指摘した「広告と中身のボーダーレス化」ということにも関連しています（前章でふれたインフォマーシャル、ドラマーシャル、プロダクト・プレースメント、メディア・ミックスなど、まだ覚えていますか）。

マスメディアの中立性なんて、今は昔の話です。政産（軍）共同、為政者側からの意図的な情報リークは、米国だけでなく、もはや世界の常識です。私たちは物語のようなカッコつきの「現実」を生きているのです。

実を言えば、意図したのかどうか判断しにくいケースもあります。たとえば次のページの写真を見てください。新聞の一面トップを飾った、洞爺湖サミットのときの各国首脳の写真です（「読売新聞」二〇〇八年七月一〇日）。

この写真からは、相当露骨に米中首脳の親近感と日本の首相の孤立感が伝わってきます。米中首脳はまず単純に距離が近いばかりではなく、視線を合わせ、満面の笑顔を交わし、それどころか肘のあたりでボディタッチまでしています。全体として両者の上体は互いの

図18　隠れた意図がある？（読売新聞社提供）

方に向けられているのです。とりわけブッシュ大統領の胡錦濤主席への傾倒ぶり、すり寄り方が、単なる比喩ではなくボディランゲージで文字通りに表現されているのが印象的です。

他方福田氏の方はひとり距離が離れています。反対側に誰がいたかは、この写真ではカットされていてわかりません。あらぬ方向を向いて、一応笑みを浮かべているものの、はなはだ儀礼的で宙に浮いた笑みになっています。これはどう見ても相当意図された写真にも見えます。しかし面白いことに、このときの記事のどこを探しても、日米中間の距離感に関する記述は見当たらないのです。

新聞社のどなたがどういう意図でこれをトップに選んだのか。また記事で写真の意味に言及がないのは、それ自体意図されたことなのか。それはそれで興味がありますが、ここで問いたいのはそのことではなく、こういう情動的で潜在的なメッセージがさりげなく主要メディアに挿入されているという事実です。

私はふたつの点で、この報道写真を面白いと思いました。まず第一。写真、映像、音声など現代のメディアテクノロジーは、こういう身体的で潜在的な情動メッセージを直截伝えるのに適しているのではないか。そしてこの写真は、その好例になっていること。

先ほどもふれたように、肝心の記事の中身には、日米中間の距離感に関する記述はかけらもないのです。だが、言及の有無や、意図がどこにあったかは問題ではない。どちらにしても結果（効果）はほぼ同じだというところが、肝心のポイントです。

そして第二。これも再三述べてきたことですが、現代の政治においては、こういう情動的なメッセージの方がイデオロギーよりはるかに重要なのではないか。あらためてそう思わされたのです。

†政治、権力を語るには、情動が欠かせない

コマーシャリズムを扱った前章で見たように、情動と、コントロール、誘導や操作 というつながりは比較的理解しやすいと思います。また情動と政治のつながりなら（この章

のこれまでの考察からも）まだわかるとして、情動と権力や労働との関係、と言うとやや突飛に聞こえるのではないでしょうか。

しかし、これはスピノザからフーコーを経由するフランス現代思想史の中では執拗に語り継がれ、最近新たに脚光を浴びている論点でもあります。特に六〇年代から、国家や社会の制度（議会、警察、軍隊）ではなく、家庭や学校のような小さな制度、個々人のふるまいや心の中といった微細なレベルにむしろ権力の浸透を見る。そういうモノの見方が盛んになるにつれて、あらためて個々人を突き動かす情動というものが、脚光を浴びるようになってきたのです。

たとえばマルクス主義では、経済＝下部構造だけが上部構造＝心や価値観、ふるまいを決定するという。しかしそうした見方だけでは不十分だという認識が、ことのはじまりでした。同時に、人間をあくまで理知的で利己的なものと見る見方にも、疑義が生じたのです。そういう疑問が浸透したときに、タイミングよく、無意識の世界を扱うフロイトの精神分析が導入されたこととも関連しているかも知れません（フロイト自身は、情動という概念をさほど活用していませんが）。

政治、権力、イデオロギーを巡る議論が、人々の心理や生理といったミクロのレベルにまで降りてきたのです。

もとより、権力の構造が人間のあり方を規定していることが、大前提です。その権力論の前提に情動論があり、さらに情動論の基底には身体論があります。人間の本性を理解するためにも、理性、悟性ではなくて、感性、身体に根ざした感性＝情動の理解が必要という考え方が、台頭してきたのです。

もともと、近代の人間観では、理性、悟性が優先され（って難しい言い方ですが、要は合理的、論理的なのが人間の本性だということです）、情動、感情はノイズとして脇に除けられてきました。これは近代の諸学がおしなべてそうで、哲学、倫理学、法学、経済学ばかりではなく、社会学や心理学、ひいては神経科学までが、その尾をひきずっていたのです。たとえば経済学の古典的な「合理的判断者」としての人間像などがそれです。

それがここへ来て、ある種の反省がはじまったわけです。心理学や認知神経科学も例外ではなく、その影響を受けて情動系の研究が深まると同時に、その成果がこうした反省を加速する相互作用が生じました。本当は情動的なもの、感性的なもの、非論理的なものが、人間性の本質にとって重要なのではないか。論理的なもの、合理的なものも、むしろこうした情動的なものが前提となり、それによってドライヴ（駆動）されているのではないか。

そういう認識では、思想の世界もサイエンスの世界も　また実社会の動きも、リンクしていると思うわけです。

†情動は個体以前のリアリティ

個体、ということばは、社会科学では、自覚を持った近代的自己というのに近い意味で使われます。それに対比する意味で、情動の潜在性ということが言われるわけです。情動は「個体」以前である、前個体的であるというふうに。

もともと近代思想は、個体からリアリティを導出したので、「リアリティ」といえば個体のリアリティでしかありませんでした。しかし先ほどもふれたように、権力はよく見ると微細なレベルで働き、人間（個体）の形成や潜在意識そのものに関わっているのではないか。コミュニケーションの中に権力がすでに入り込んでいるとすれば、そもそもわれわれの心を構成するものとして、権力がある。こう考えるとき、前個体的な情動がまさに問題となるわけです。

なおここで「前」と言っているのは、必ずしも無意識のレベルというだけの意味ではありません。むしろ、普通に会話しているときにも作用している場の空気、雰囲気、間、などと考えた方がわかりやすいかもしれません。むろん、精神分析や認知神経科学の立場から言えば、それがすなわち無自覚の社会的レベルということになるわけですが。

†ホッブスとスピノザ

ホッブスとスピノザは共に近代思想からポストモダンにつながる思想家ですが、今述べた点からは、好対照と目されているようです。

ホッブスは契約論の思想家と考えられています。ここで言う契約論とは、端的に言えばエゴがあり、皆が孤立しているから、恐怖感が生まれる。それから逃れようとして、大きな国家権力に力を委譲するという考えのことです。

これに対してスピノザは、情動と権力の関係を明示的に考察した、近代における最初の思想家だと言われています。逆に、むしろ恐怖（という悪い情動）があるから人々は孤立する、と考えました。恐怖から（また恐怖からの回避という「希望」から）国家権力は形成されると考えたのです。つまり、ホッブスが言うようにエゴが先立つわけではなく、もっと身体的な情動が先立っていると。

ここには、大きな思考の逆転が見られます。哲学における理知的な、あるいは功利的な人間。経済学において、自己の利益を最大化し、ユーティリティ（利益）最大の選択を常に選ぶ、完璧なプレーヤーとしての人間。それが人間の本性だという考えに対して、むしろそれらは何かから派生してきた副次的なものに過ぎない。より根源的な何かとは、身体や情動である、と。

ついでに言い添えれば、後に台頭してくる認知科学の計算する「心」とも、これは鋭く対立しています。つまり、課題を感覚によってエンコードし、最適解を計算で求め、その解を選択行動としてデコードするという「心」観とも相容れないのです。

†ファシズムと9・11、脱イデオロギー

今も述べたように、エゴがあってそこからリアリティが発生するというのが、近代思想の主流の考え方です。それからすれば、「利益」がキーワードになるはずです。人は利益を最大化するために（だけ）行動する、と。

ところがここに、歴史上顕著な例外が出てきました。ファシズム、です。なぜ例外かといえば、身を滅ぼしてまで国家や所属集団のために戦うというのは、古典的な「利益」の概念に反しているからです。

ファシズムの経験を通してわれわれが学んだこととは、何だったでしょうか。行動は必ずしも自己の利益には還元できないということです。では人をして、自己愛に還元できない行動に走らせるものとは何なのでしょうか。そういう思索から、ファシズムの根幹にも情動があるのでは、と思い至るのです。

人間にとって本質的に重要なものは、これまで言われていたようなイデオロギーや言説や論理とは違うところにありそうだということが、見えてきます。

すでに紹介したような9・11、ホームランド・セキュリティを巡る政治状況や言説は、ある観点から見れば不可思議です。しかしこれを情動＝身体を突き動かすものという観点から見ることで、展望が開けます。大きな社会制度という無機的な観点にとどまっていた、これまでは見えてこなかった、いろいろなものが見えてくるのです。

そもそも、イデオロギーとは何だったのでしょう。それは言ってみれば、首尾一貫した物語、ストーリーのことであり、それによって人々を支配することに他なりません。だが9・11以降の世界においては、この意味のイデオロギーは（中身の左右にかかわらず）もはや成立しがたい。いまや物語の首尾一貫性など気にかけずに、権力は潜在レベルの情動に直截、力を行使しはじめたかに見えるのです。

9・11以降のテロ対策の一環として米国防総省は、イエロー、オレンジなどと色分けしたテロの危険度を公表しています。空港でのセキュリティチェックの厳しさが事前にわかるし、危険地域への旅行を控えるなど市民レベルでテロから防衛できる。国民の評判も必ずしも悪くないようで、この本を執筆中の二〇〇八年夏現在も継続しています。

しかしその公表のタイミングは、政治的計算を疑わせます。セキュリティ＝国防＝愛国という例の図式を、どうしても連想してしまいます。その上、危機の根拠は、事柄の性質上公表できないといいます。残念ながら、これは一応もっともな理屈です。これはまさしく、権力の行使そのものではないでしょうか。

ことほどさように、事態は単純な倫理判断のレベルを超えたところで進行しつつあるのです。

イデオロギーを介していないという意味と同時に、（少し突飛ですが）感覚生理学的であるということも言えそうです。国土安全信号のケースでいうと、「恐怖疲れ」に対する調整が明らかになされています。つまり、四六時中オレンジや赤では、やがて誰も注意を払わなくなる。そうなっては元も子もないから、普段はなるべく黄色に下げて低値に順応させておくのです。

野球の投手でも速球派は、スローボールを効果的に使って速球の威力を倍加する。名投手といわれる人は切り札の魔球を濫用はせず、ここぞというときにだけ使って切れ味を増す。第2章で述べた感覚知覚の順応、あるいは馴化と同じ話です。馴化しているからこそ、新しい信号に対してより過剰に反応してしまうのです。

このように書いてくると、自衛隊派遣や憲法問題、増税に関するわが日本の政治家のやり方を連想せざるを得ません。まずはあくまで私案のかたちでリークして、反応を見る。

少しずつアドバルーンを上げ下げして、馴れを待つ。それから本丸を攻める、そういうやり方ですね。

†快適という名の制御

ここまで話を進めてきて、ちょっと気がついたことがあります。「快適」ということばに関することです。

たとえば車や家電、リゾートなど、いろいろな企業のCMを見たり、会社の担当者と話していてわかったことがあります。他ならぬ「快適」というのが、現代の消費者を説得するひとつのキーワードになっているということです。

快適、って何でしょう、生理的に気持ちいいという直接の意味を、とりあえず脇にのけると。

ゆだねること。よしなに、取りはからってもらうこと。いちいちこちらの確認や判断を求めず、あちらでやってくれること。その上責任もとってくれること。こちらはリラックスして、導かれるままに振る舞っていればいいこと。

普通は「快適」だけでここまで考えないでしょうが、敢えて現代におけるそのニュアンスを外挿すれば、だいたいこうなるはずです。要するに快適とは「さりげない（被）制御」と同義語なのではないでしょうか。

実際、若い世代の政治に対する態度や、コマーシャリズムに踊らされていると知りつつ受け身の自由を謳歌する態度。そういう態度を見ていると、こう思わないではいられません。ファッションや番組、音楽などに関する選択肢を手軽に得て、自由に入手して愉しむ。だが、彼らは本当に自由な選択をしていると言えるのか。そうとも言えるし、違うとも言えます。が、楽で快適なのだけは確かなようです。

かくのごとく、自由は「快適」に取って代わられつつあります。かつて盤石の重石だった自由が、希薄化し拡散していくのです。

ただここで、再度注釈を加えなくてはなりません。すでにふれたように私の意図は必ずしも、こうしたやり方を告発することではないのです。現代社会の多様な情報操作を悪質と断罪するだけでは、事態の本当の深刻さは見えてきません。実のところ、情報操作と情報公開は紙一重ですし。

潜在認知のメカニズムに鑑みれば、情報公開は常に情報操作の要素を含んでいるのです。情報の送り手は完全に公平な情報公開のつもりでいて、無意識裡に情報操作に加担しているということが、十分にあり得るわけです。メディアに完璧な中立などあり得ないとすれば、情報操作を拒否することはただちに情報の開示をも拒むことになってしまいます。

†抵抗は不可能か

ここで、私たちが直面している問題はふたつあります。まず第一に、こうした流れに抗するべきなのか。そして第二、仮にそうだとして、そもそも抵抗なんて可能なのか。

わかりやすい例で話を進めます。マクドナルドの椅子はたいてい硬いプラスティック製です。そういえば最近東京に戻って、たいていのファストフード店やコーヒーショップがそうなっていることに気づきました。椅子が硬いのはどうしてか、御存知ですか。

一説によれば、椅子を硬くしておくと客が長居しにくく、回転がよくなって売り上げが伸びるのだそうです。ことの真偽はともかく、とりあえずこれが本当の理由だとして話を進めさせてください。

この事実を知ったことで、店の作戦に対抗できるでしょうか。あるいは、この章の本題でいえば、政治的な世論操作に対して、それと知っていれば防衛できるでしょうか。本当に問いたいのはこのことです。

知ることは確かに知らないよりはいいでしょうが、たぶん不十分です。気づいている／知っているだけでは、この場合ほとんど役には立ちません。アウェアネスは自由を救えません。潜在レベルへのアプローチに対して、顕在的な意識や意図では抗し切れません。

抗し切れないのはなぜか。そもそも情報処理の効率やスケールが全然違うのです。潜在過程の効率のよさ、容量の大きさに較べれば、意識なんてほんの小さな一片です。潜在過程に働きかける要因の方がはるかに高い持続性、反復性を持っています。

マクド側の戦略を知っていて、それを友だちにも教えながら店に入ったとしましょう。しかし座って共通の友人の噂話に夢中になるうちに、いつの間にかふたりは腰を上げているはずです。知っていようがいまいが、お尻は痛くなる（感覚生理学的側面）。これが理由のひとつ。もうひとつは、意識の外に出てしまえば、知識は無力だからです。

情動とは主に潜在的な過程なのです。自動的で反射的で無自覚的なメカニズムなのです。それが潜在認知の本性であり、ひいてはヒトというものの本性なのです。何しろ、相手は知識のレベルではなく、反射的な情動と無自覚的な潜在認知に直接働きかけて引き金を引くのですから。この「情動は潜在的に働く」ということを、理論としてではなく体感として具体的に把握していないかぎり、役には立たないでしょう。

†マクドの賢い客

マクドの例で続けます。抵抗はかくのごとく難しい。だがもし仮に、用意のいい人がいて、座布団を持って来たらどうなるでしょう。そしてたとえばｉＰｏｄと文庫本を持ってきて、冷暖房つきの店内で長居を決め込んだら。

　これは当然、店側に十分に対抗したことになるでしょう。しかもこの賢い客は、そんなことはすっかり忘れて、文庫本に夢中になって時間を忘れるかもしれない。ふとんの触覚的で情動的な座り心地のよさに「われを忘れる」というかたちで潜在的に反応しているわけです。つまり潜在的なトリガーに抗して、潜在レベルで対抗する手段を、自覚的に（顕在的に）講じた。その結果、ただ潜在的にそこに在ることが、店側の戦略に対して顕在的に対抗する手段を与えたのです。はなはだややこしくて恐縮ですが。

　飲酒運転と同じで、危険性を知っていても役立たない。潜在レベルでもそれを避けられるような策を、顕在レベルであらかじめ講じる必要がある。そういうことです。

　情動的反応は反射的で型にはまっている。が、にもかかわらず学習する可塑性も持っている。すでに強調したこの点にも、希望はあります。

　しかしむろんこれとても、究極の救いとはならないような気がします。というのも、潜在認知はつねに統計的、大数的に働くからです。またそれゆえに、個人の深部でありながら同時に集団を規定するからです。

　せめて、たくさんの中にごく少数いる「マクドの賢い客」となりたいものです。コマーシャルの世界も政治の世界も宗教の世界も、なにせ現代社会は硬い椅子だらけですから。

†まとめ

最後に、この章と前の章を中心に、ここまでの全体をまとめます。現代社会と現代人のさまざまな不合理や理不尽は、情動と潜在認知というキーワードで読み解くことができそうです。

現代人は、過剰と誘導と操作と制御とに晒されています。マスメディアと大衆誘導技術の発達が、潜在認知というパンドラの函《はこ》を開けてしまいました。集合的、情動的、反射的、無自覚的という特徴を持つチャンネルが、開放されたのです。

コマーシャリズムの世界では、脳内の報酬系がターゲットにされ、政治の世界では情動系、ことに恐怖の中枢（たとえば扁桃核）が狙われています。私たちはそれに対して（定義上）無防備です。その結果、近代社会の根幹をなす「自由で責任ある個人」の理想像がゆらぎはじめています。

自覚して立ち止まる余地が乏しいぶん、意識レベルの倫理コードは役に立ちません。こうして善悪の境界が溶融し、自由と（被）制御とが両立するグレーゾーンが野放図に拡大してゆく。そういう時代を、私たちは知らず生きはじめているらしいのです。これが本当に危険なのかどうかさえ、定かではありません。

ただ唯一対抗し、防衛できる策があるとすれば、まずは情動と潜在認知の仕組みを知ることです。そして知るだけではなくて、潜在レベルで対抗する策を自覚的に講じることです。

そのようにしながら、世の中の流れを注意深く見つめていきたいと思います。

第5章
創造性と「暗黙知の海」

この本ではこれまで、自分の中の他人、ヒトのふるまいの（みかけ上の?）理不尽さや非論理性、心が決める前にからだが決める、そして操作される、情動権力など、どちらかと言えばネガティヴな文脈で「潜在認知」と「情動」を論じてきたきらいがあります。不安を覚え、次のように問いかける読者もいるかも知れません。自立して合理的な判断を下せる、自由と責任ある個人はどこへ行ったのか、と。

しかしそれは必ずしも私の本意ではありません。現代社会に特有の新しい問題群に対して、「潜在認知」と「情動」をキーワードに新しい切り口を提供したいという意図から、結果的にネガティヴな面を強調することになっただけなのです。

†潜在性の「海」

実際、私たちに潜在認知と情動の機能が備わっていることは、決して悪いニュースではありません。こうした機能がなければ社会環境に適応できず、生きていけないし、それに潜在認知や情動は、多くの生産的な活動に深く関わっています。私はこのような観点から、潜在認知の過程を暗黙知や潜在性の「海」と呼んでみたことがあります。少し長くなりますが、前著から引用させてください。

実は、私は案外楽観的なのです。私たちを一見拘束する「見ず知らず」の刺激や認知過程どもが、確かに心の潜在性のトンネルをくぐってくることは確かです。しかし同時に、私たちの尽きぬ叡知もまた、同じこの潜在性の海からやってくることを思い出してください（序）。ポランニが強調してやまなかったように、すべての発見や創造は、自覚できず明文化できない暗黙の知なしにはあり得ません。

もしかすると、こうした危機的状況を救う洞察もまた、潜在的精神を探求する人間科学の周辺からやってくるのではないかと、私はひそかに予感しています。そして、更新される人間観と現代社会の規範とのはげしいせめぎあいの中から、来世紀の人間像が難産の果てに立ち現れてくるときに、その洞察がいしずえとなるのではないか、と。

（『サブリミナル・マインド』、二九九〜三〇〇ページ）

私は一〇年以上も前に拙著をこのように締めくくりながら、ここで言う「すべての発見や創造」と潜在認知や情動機能との関係を、掘り下げて考える機会がありませんでした。この本をここまで書き進めてきて、今あらためてその必要性を感じています。そこでこの最後の章では、こうした潜在認知や情動のポジティヴな役割、生産的な面の最たるものとして、「クリエイティヴィティ＝創造性」について論じてみたいと思うのです。

いかんせんまだ突っ込みはいかにも浅いのですが、何かの参考にはなるはずです。また、この本のまとめ、締めくくりとしても適当だと思います。

†危険なテーマ

と、意気込んでみたものの、実はこのテーマ、認知心理学者や認知神経科学者にとっては、もうひとつの「鬼門」ともいうべき厄介なものです（「もうひとつ」と書いたのは、超心理学やオカルト、スピリチュアリズムにまつわる別の大きな「鬼門」があるからです）。創造性の心理学、創造性の科学に類するものは、これまでにも多々ありましたが、残念ながらこれといって目新しい洞察やメカニズムの解明に至る突破口のようなものは見当たりません。結局クリエイティヴィティというテーマに取り組んだ研究者たち自体が、さしてクリエイティヴでなかったということなのでしょう。

もうひとつ、大きな発明、発見をした人の回顧をそのまま真に受けていいか、という問題もあります。特に「私はこのような筋道で、このように考えた。あるいはこのようなきっかけでこのような内容を学んだ。それが直接のきっかけとなって、このような大きな洞察に至った」という類いの話ですね。

これから追々わかっていただけるかと思いますが、そういう回顧には確かに面白いヒントがたくさん含まれているものの、因果関係を丸ごと信用するわけにはいかないと思います。語り手が不誠実だというのではなく、人は自分の経験や行為の本当の原因を案外知らず、原因を誤って帰属する（実際とは違うことを原因と思い込んでしまう）。そのことを示す証拠は、ここではくり返しませんが、豊富にあるからです（第3章、及び拙著『サブリミナル・マインド』参照）。

主観レベルの意識の下にこそ真実が隠されていて、本人も気づかない。そういうことはこの本でもくり返し示してきた通り、案外よくあるのです。

†ありがちなアプローチ

さて、創造性やクリエイティヴィティを考えるというとき、誰もが連想する問い、あるいはアプローチというものがあります。たとえば、

① なぜ、特定の人だけが（特定のタイミングで）独創的な発見／発明／創作をするか

②「独創性」（あるいはそれを示す才能）の本質は何か

③ どうすれば、独創的な発見／発明／創造ができるか

これらに直接答えるのは、言うまでもなく困難です。それがわかれば苦労はしない、というか（笑）。

私自身がさして独創的でないのでわからないという理由もむろんあるのでしょう。が、より本質的理由は他にあります。それは独創的な発明／発見／創作がなされるまでの過程がおおむね潜在的であり、また偶然と必然の絡まり方が、誰の目にも明確には見えないから、です。

さらに少し結論を先取りして言えば、ある発見や発明（作品）が独創的かどうかは、個人の頭の中だけでは決まらないから、ということもあります。そして潜在過程－個人の頭の外側－他者－社会というつながりは、言うまでもなく、これまでこの本で扱ってきた現代社会の諸現象、特に潜在認知と情動に関わる領域でも再三出現した、見えない糸に他なりません。

†無視されがちな問い

正面から攻めることは困難で、それにはそれなりの理由がある。そこでここでは「搦め手から迫る」ことを試みたいのです。

つまり、創造性（クリエイティヴィティ）について、無視されがちだが、上記の問いとも深く関係した問いから入りたいのです。これらは一見、独創性に関する本質的でない、周辺的な問いであるように見えて、実は案外本質に迫る問いである。そういうことを主張したいし、読者にも追々わかっていただけるものと思います。それらの問いというのは、次の三つに要約できます。

①なぜ、独創的な発見は難しいのか
②（にもかかわらず）ひとたび発見されると、なぜそれとすぐにわかるのか
③（ひとたび発見されると、）なぜ人々から支持されるのか

これらの三つの問いは、実は互いにつながっています。それについてはすぐにまたふれます。とりあえずここでは、これらの脇の視点から見ることで、「洞察」が一見突然「降って湧いたように」現れるプロセスについて、ある重要なポイントが見えてくるのではないか。それだけ言っておきます。そして案外それが、独創性に迫る独創的なアプローチかも知れない、とも。

潜在性と記憶。このふたつがキーワードであることが、やがて明らかになってくるでしょう。それによってまた、独創性が、個人の内部に能力として存在する単なる「才能」ではない（そういう見方では、深いところで捉え切れない）ことも。

独創性とは何か

さしあたりまず「独創性とは何か」という点について、定義とまではいかないまでも、ある程度共通の認識を持っておく必要がありそうです。

そもそも、独創的発見（発明／創作）とは何でしょうか。与えられた学問や技術開発や文壇やアートの世界の文脈（状況、経緯）の中で、誰もが認める大きな目的を飛び抜けてよく達成している。あるいは誰もが重要だが未解決だと認める問題を、見事に解決している。あるいは誰もが（それと知らずに漠然と）欲しているモノやデザインや感覚を、あっさりと、多くの場合はシンプルに実現している。

そうした目的や目標をただちに達成していなかったり、問題そのものは解明していなくてもよいのです。むしろそういう目標や問題設定そのものを、大幅に更新してしまうような効果が大きい場合もあるでしょう。先端の科学技術やアートなどでは特に。

これに伴って科学でも技術でも文学でもアートでも、未踏の領域を独りで切り開いてしまうということが起こるはずです。また新しい商品やビジネスプランであれば、新マーケットを開拓してしまうとか。

そのようでありながら、誰もこれまで気づかなかった発見（発明／創作）を、独創性のある業績（または学者、作家、エンジニア、アーティスト）と呼ぶのです。そしていったんそれが公表されるや、「コロンブスの卵」という感想を大方が抱く、つまりその解の単純さ、明快さ、美しさ、または深さに驚き、なぜこれまで思いつかなかったのか、と思わずうなる。遅かれ早かれその価値が認められ、すぐさま常識化し、歴史化し、教科書化する。これが私の考える独創的な発見、発明のイメージです。

この最後の「すぐさま」という点だけについていえば、後でふれるように、逆の面もあります。その発見や功績が大きければ大きいほど認知されるまでに時間がかかることはままあり、分野によっても事情はまちまちです。それでも「コロンブスの卵」という印象はいずれ人々の心に現れ、常識化する点は変わりません。これは今後の議論に大きく効いてきます。

このように、ここでは独創性＝クリエイティヴィティという言葉を最大限に広くとり、分野を問わずに共通する秘密を探ろうとしているのです。

†メノンのパラドクスと、心のモデル

人間の知に関する、次のようなパラドクスがあります。かのプラトンが『メノン』で提起したというパラドクスです。前出の哲学者ポランニも引用していますが、私風にアレン

ジさせてもらうと、こうなります。

まず彼は問いかける。人が何かを新たに発見するとは、どういうことか。それは端的に矛盾しているのではないか。というのも、その何かをあらかじめ知らないなら、知らないもの（こと）をどうして知り得るだろうか。あるいは「これが探していたものだ」とどうしてわかるのか。また逆にあらかじめ知っているならば、今さら再発見する必要があろうか。それは「新」発見ではないのではないか、と。

このパラドクスがどうしてパラドクスに見えるのか、にもかかわらずときに人は（一見）やすやすと「新発見」を達成するのか。くり返しになりますが、ここに（独創的な発見や発明を理解する上での）ヒントが隠されていると思います。

図19を見てください。すでに知っている知識の範囲が楕円で表現されています。心、と考えても良いし、認知科学者なら知識の「表現（representation）」と呼ぶでしょう。その外側は、外部に存在する事実、原理的には知り得るが、まだこの個人はまったく接したことのない事実／情報群を指します。たとえば未知の法則や定理、原油や鉱脈のありか、斬新なデザイン、新しいビジネスプランなど、何でもいいのです。

これは単純な上にごく常識的なモデルで、これ自体が誤っていると言われてもピンとこないでしょうが、私はそう言ってみたいのです。このモデルに問題がある、誤っていない

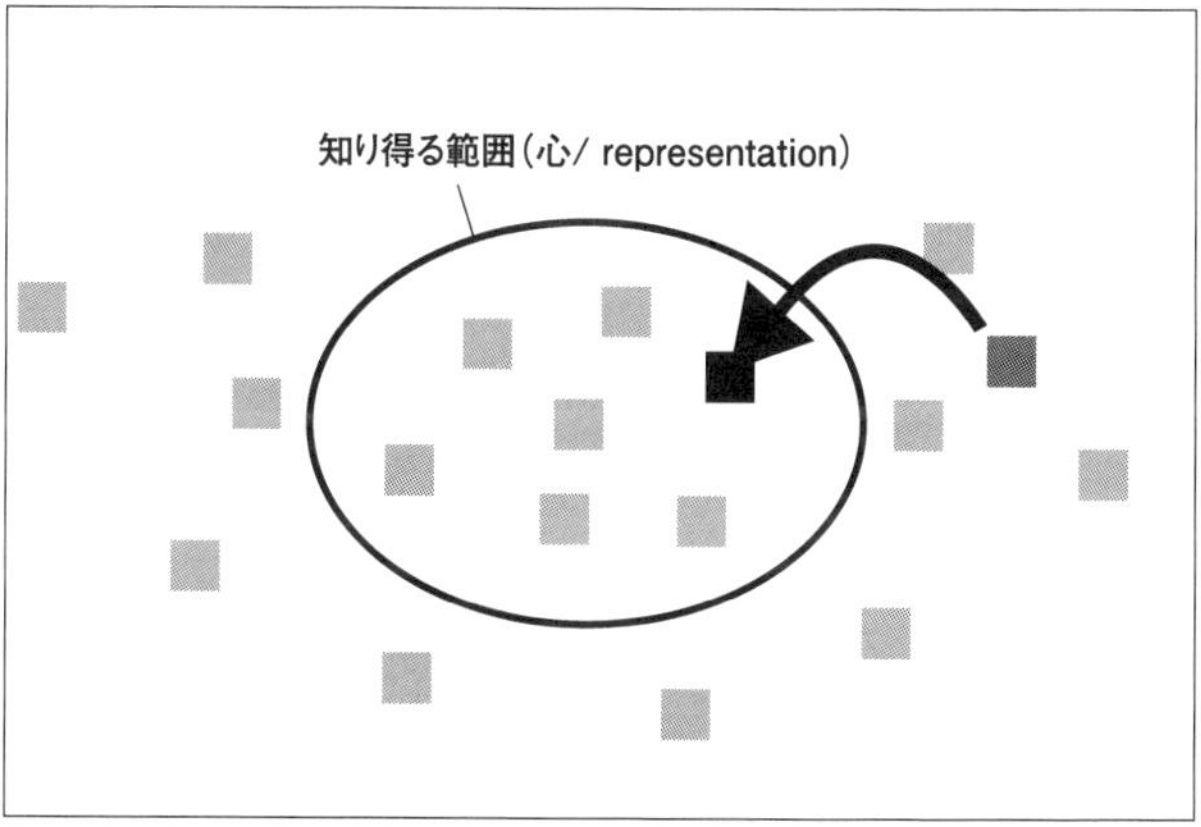

図19　「知っている」心のモデル

までも、一番肝心な点を見落としている。このモデルを前提に考えるから、メノンのパラドクスはパラドクスに見えるのだ、と敢えて主張してみたいのです。

このモデルが問題なのは、まず第一に、知っているものは内側、知らないものは外側とあらかじめはっきり、固定的に規定されていて、相互背反的であることです。つまり「知らないが同時に知っている」アイテム（事実）を、このモデルは端的に認めないのです。したがって、外のアイテムがひとつ内側に入る（知る範囲に入る）ということが依然としてミステリアスであり、元の問題が未解決のまま投げ出されています。

しかしそれに関連してもっと致命的なのは、発見したときに「それとわかり」周囲からも

「認められる」ということを、このモデルはまったく説明できないのです。これこそが独創的な洞察を狂人の単なる妄想から切り分ける、重大なポイントであるにもかかわらず。

†それとわかる

すでに指摘したとおり、この「ひとたび発見したらそれとわかる」ということこそが、歴史に残る独創的な発見、発明、創造の重大な要件のはずです。定義の一部だとさえ言ってもいい。というのも独創性は社会的、歴史的に承認されて初めて、真正の独創性となるからです。

これにはふたつの意味、または段階があります。

まず第一に、発見者、発明者本人が「ああ、これが探し求めていたものだ!」と即座に膝を打たなくてはならない。そして公表し、または少なくとも記録に書き留める必要があります。

数学者や物理学者は、大きな問題を解決したとき、直観的にそれとわかるそうです。「フェルマーの最終定理」などで知られるとおり、証明などの最終的な検証は、実際には容易ではありません。証明に誤りや穴がないと学会が太鼓判を押すまでには、世界トップの専門家十数人が共同作業で何週間もかかる、という話もあります。だがこれは別問題で、少なくとも本人は、長年苦しめられてきた問題に突然光明が差して解決への道筋が見えたとき「これだ！」という否みがたい、明瞭な感覚を持ったはずです。

ほかの分野でも未知の偉大なアイデアに辿り着いたとき、これだ、という感じはありそうです。エンジニアの偉大な発明も基本的には同じでしょう。画家や音楽家、作家などでは時間的な持続が長く、やや曖昧かも知れないが、基本は同じはずです。

これに対して、「これだ、と膝を打ってから、後で詳しく調べてただの錯覚だったと悟ることが、天才的な学者でも結構あるそうではないか」という反論がありそうです。が、これは反論どころか、むしろ「創造的な発明、発見が天才の頭の中だけでは完結しない」ことの端的な証明になっていると思います。以上が第一の段階です。

次に大事なのは、世間が（まわりの専門家である場合もあるし、大衆である場合もありますが）「ああ、それだ、すばらしい、なぜ気づかなかったのか」とやはり膝を打たなくてはならない。これが第二段階です。何度も言うように、それに時間がかかることは構わないが（それどころかむしろ勲章だが）、いつかこれが起きないと「歴史的な洞察」だとか「独創的業績」とは呼ばれません。

†「早すぎた天才」とそれにまつわる誤解?

世間の「受け入れ」は直後である必要はなく、偉大な発見ほど理解と受容は数十年以上にわたって遅れると言われたりします。こういうケースがあるために、よく世間に認められない「孤高の天才」というイメージが広まり、天才の独創的な才能は個人の心の内部ですでに完結している、と誤解されるのではないでしょうか。またこの承認手続きがいつ起こるかわからないため、天才と狂人は紙一重、と言われたりもするのでしょう。

こうした二段階の手続きがすべて終わってはじめて、そのオリジナルの発見(明)者の「独創的な才能」が認められます。そして人々はこぞって、その秘密を探ろうとするなど、後づけのいろいろな社会現象が起きるわけです。

この承認の手続きが極めて重要で、これは独創的な洞察の、決して「周辺的」な要因ではないという点を再度強調しておきたいと思います。

要するに私たちは、今まで発見されていなかったという事実と、発見された事実が再認されるという事実の両方を矛盾なく理解しなくてはなりません。このパラドクスをどう説明するか。矛盾なく理解するための理論的枠組みを探している、と言い替えてもよろしい。「新」発見なのに「再」認とはこれいかに。端的に言えばそういうことです。

そこで前節まで述べてきた内容が生きて来るのです。一方に、天才個人の内部で起こる「ああこれだ」という達成感。他方に社会的な承認の手続き。このふたつのステージに際立って共通しているのは、心理学的なことばで言えば「既視感」「再認感」といったものです。ここにカギがあると思うのです。

これに関連して、事前の「予感」ということも、独創的な洞察の無視できない特徴かも知れません。

ここではとりあえず、二点だけ指摘しておきます。まず第一、いずれにせよ一瞬ではない、事前と事後にまたがる持続的なプロセスでしか、創造的な洞察が生まれるメカニズムは理解できないということ。第二に、これから述べる「パラドクスの解決」の後で、この「予感」「予兆」の問題に立ち返れば、おそらくは新しい展望がそこにも開けているはずであること。そのふたつです。

†知は透明ではない

問題は、私たちが知の完全な「透明性」を措定したことにあるのではないでしょうか。

ここで知の「透明性」と言っているのは、知り得ることは意識的に、常に、完全に知っており、知り得ないことは意識も無意識も区別なく、常に、全く知らない状態であることを指します。

その良い例を再び数学の世界に求めますと、数学には「公理」と「定理」というものがあります。公理はあらかじめ決められた約束事。定理はそこから論理必然的に展開される真理の系です。つまり一定の公理を前提とすれば、そこから導かれる定理はその範囲で常に正しい。そして公理を定めれば、その瞬間にすべての「真なる」定理が(原理的には)定まることになります。

よくユークリッド幾何学と非ユークリッド幾何学がそれぞれあり得る、などという話を聞くことがあります。これは、前提となる公理系の選択を変えれば、まったく違う幾何学(の定理群)が閉じた系として展開できるという事情を指しています。

しかし言うまでもなく現実には、人間の知は(数学や哲学でしばしば理想論として想定する知とは違って)まったく透明ではありません。

透明ではないという意味は、詳しく言うとふたつあります。まず、原理的にとっくに知っていて良いのに、まだ知らないことが実はたくさんあるというのが第一点。そして第二に、潜在的に知っているが顕在的(意識レベル)では知らないことがたくさんあるという点。このふたつは似ているが微妙に違うことにご注意ください。

数学の定理だの、まだなされていない発明だの、地下に眠る鉱脈や温泉源などは、ある非常に特別な意味で、人に知られる前からそこにあった、存在した、と言えると思います（その「特別な意味」はそれぞれ分野によって違うでしょうが）。だがそれらは、知としてあったわけではない。あったが、知られてはいなかった。これらが先ほど述べた第一の場合の例です。

他方、先ほども「予感」「予兆」という言葉でふれたように、当人もうすうす知っているが、まだ解や洞察を自覚できない時期があります。これは後者の例となります。スポーツで往年の名選手がコーチとなり、自分の選手に得意技を伝授しようとしても、うまくいかないことがあります。技やコツを端的な言葉やルールで表現できず、探しあぐねてしまうのです。

ここでコーチが伝えられないもどかしさを感じる技は、上のふたつの場合のどちらでしょう。「うすうす知っているがことばにできない」第二の場合の典型例だと答える人が多いはずです。が、むしろ第一の場合、つまり「知っていてもおかしくないのに未だ知らない」ことが多いのでは、と言ってみることもできます。スポーツの天才自らにとってこそ、自らのからだほど未踏で不可思議な自然はない、と。潜在的なからだを通した、脳と環境世界との豊かな重なり具合が実感できるではありませんか。

いずれにしても、このようなふたつの意味で、知は透明ではない。この事実をもって先

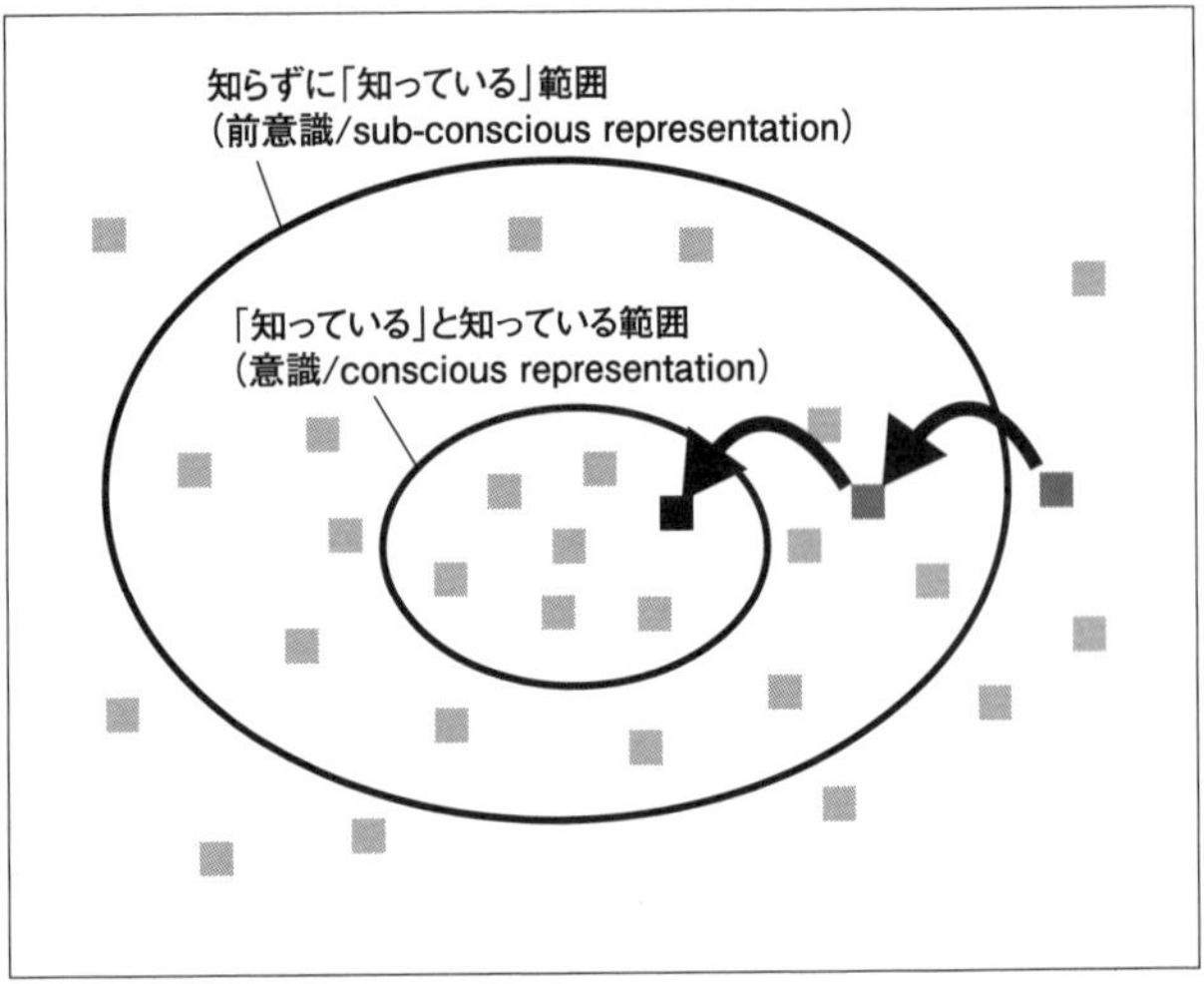

図20　前意識を想定した新しいモデル

の「新発見の再認感」という逆説的な特徴をあらためて眺めてみると、どうでしょう。

†第二のモデルと前意識

この考えに即して、先の破綻したモデルに代わる第二のモデルを提案させてください（図20）。

このモデルには、新たにもうひとつの楕円が加えられています。知らずに「知っている」、つまり意識できないが潜在的に知っている範囲を、前意識的な表現（sub-conscious representation）として想定したのです。そしてこの領域が、前節で述べたふたつの意味で「潜在的に知っている」範囲と完全に重なると考えます。

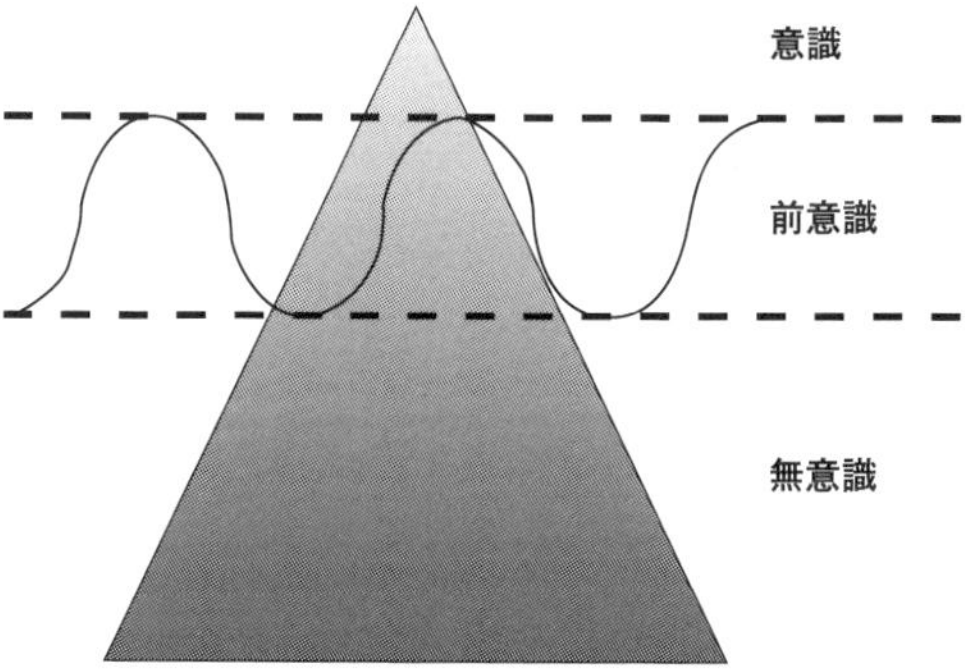

図21　意識－前意識－無意識のイメージ

そして大発見がなされるとき、発見されるものはすでにあらかじめこの前意識的な知の領域にあったと考えるのです。

これはなにも私の独創ではなく、再三引用しているポランニが科学上の大発見を分析して暗黙知の概念を導入したのと同じです。ただそれをより広く、独創性一般に拡張しただけです。

なおここで「前意識」と言っているのは、フロイトの用語を勝手に拝借して転用したものです。フロイトも当初意識と無意識の二分法に頼っていましたが、やがて意識、無意識の間に、前意識なるものを想定しました。無意識の中でも、努力やふとしたきっかけによって意識化できる範囲を指して、前意識と呼んだのです。

図21にイメージを示しました。前意識と意識の境目は波のように時々刻々揺らぐ。その時点でも、意識の

表層にあるのは氷山の一角にすぎない。そういうニュアンスを生かして、前意識という語を使ってみたいのです。

フロイトはあくまでもトラウマ的な経験の記憶や、願望の抑圧などとの関連でこの概念を使用したわけです。が、私たちはここでは、人における「知の身分」を検討するために、似た考えを援用させてもらったのです。

そもそもフロイト自身がなぜ、新たに前意識を想定する必要を感じたのでしょうか。意識と無意識を截然と分けすぎると、意識的なものは金輪際、無意識世界に落ちることはなくなってしまう。また逆に、ヒステリー患者の無意識的な心的内容が、分析やカウンセリングなどであるとき急に意識化されるということも、了解困難になってしまう。……たぶんこうした類いの動機がフロイトにもあったのではないでしょうか（私の勝手な推測ですが）。だとすればここでの私たちの動機と重なる部分があって、興味深いと思います。

†前意識はインターフェースである

ここで特に私たちが考える前意識の知は、意識の知と無意識の知の境界領域、またはインターフェースにあたります。人が集中して考えたり、あるいはぼんやりと意識せずに考えるともなく考えているときに、突然天啓が閃《ひらめ》く。スポーツによる身体的刺激や、音楽による情動の高揚、他人がまったく別の文脈で言った何気ない一言などが、しばしばきっかけになるようです。

こういう場合には、新たな知は外から直接与えられたわけではなく、といって内側にあらかじめ存在していたとも言えません。その両者の間でスパークし「組織化」されたのです。

この意味で前意識の知は、意識と無意識のインターフェースであると同時に、自己の心と物理環境、あるいは社会環境（他者）とのインターフェースでもあります。前意識を通してさまざまな情報や刺激が行き来するのです。

それゆえまた、前意識の知は集合的でもあります。人々の間で共有されている部分が多いのです。つまりここでは、個人と社会の関係が、意識と前意識との関係にほぼ重なり合っていることに注目してください。

その点では、ユングの言う「集合無意識」という考えとも、どこかでつながるかも知れません。ユングは人々の無意識が、その住む文化圏によって共通のある元型のようなものを持つことに注目して、この概念を提出したのでした。神話や伝説に出てくるキャラクターの最大公約数的な元型は、ユング自身が指摘したその好例です。

どちらかというと、フロイトにおいては無意識の世界の方が、抑圧された願望に彩られて怪物的です。だからこそ（前）意識との間に「番人」が必要だったわけです。これに対してユングはほとんど逆です。無意識は魔神のような怪物ではない。無意識という自然物よりも意識の方がむしろ悪魔的であり、より倒錯していると考えていたふしさえあります（名島潤慈、一九九一年）。潜在知の創造性に期待するこの章の意図ともつながる気がするので、ひとことふれておきます。

ところで、先ほどからプラトンによる「メノンのパラドクス」にこだわってきました。言うまでもなく私はここで、それに絡めて強調した既知感（発見や解の場合）、既視感／デジャヴ（優れたアートやデザインの場合）、再認感、「直感的に受け入れられる」という特性などを、念頭に置いています。独創的な発明／発見や、創作が、（遅かれ早かれ）人々に受け入れられるのは、こうした前意識の知の集合性によります。インターフェースと言ったのも、まさにこの意味からなのです。

†再認とは何か

再認や再認感ということばをこれまできちんと定義もせずに、なんとなく「言われればそれとわかる」「示されれば見覚えのある気がする」という程度の意味で使ってきました（ここまでの各章でも）。しかしこれはれっきとした記憶心理学の用語です。そしてそこでは、再認は潜在記憶と顕在記憶の境界に位置する指標とされています。

一九世紀後半に活躍した心理学者エビングハウスは、記憶心理学の祖と言われている人で、記憶をはじめて実験心理学の観点から科学的に研究し、集大成した人です。特に彼を心理学史上忘れてはならない人物にしたのは、「無意味綴り」を材料にした一連の研究でした。

言葉の連想記憶などを研究する際に、英語なら英語の、本当に存在する単語を用いることに、彼はためらいを感じました。それぞれの言葉に避け難くついてまわる意味や情動的価値などをコントロールしきれず、それが記憶テストの結果に影響することを避けられないからです。そこで彼は、たとえばPXT、XQIなどというような単語としては無意味な綴りをたくさん作り、何十語かのリストにして、被験者に記憶させました。またそれらをペアにして、つながりを記憶させることもしました。たとえばGJU－OXY、MKA－BVL、RHW－DFCなどというように（日本語で追試する場合には、ガトヒ－ロタウ、モダハ－リナプ、ラキム－ワホレなどのようにします）。

被験者に何度か復習（リハーサルといいます）を許した後、記憶をテストします。記憶の保持率を経過時間に対してプロットして記憶保持曲線を描く。これを思いついたのがエビングハウスの功績でした。

ただ後の研究者たちは、テストの仕方によって結果＝保持曲線が違うことに気づきました。まず普通に再生といって、「リストに何があったか、覚えている限り報告しろ」という課題を与えたとします。そこで仮に成績が二〇～三〇パーセントであったとしても、別の課題でテストすると、記憶成績がしばしば高くなることに彼らは気づいたのです。

たとえばＰＸＴという綴りを見せ、「先のリストに含まれていたか」をイエス、ノーで答えさせました。すると正答率は、たとえば七〇パーセントぐらいにまで跳ね上がったのです（具体的な数字は被験者や条件によって大きく変わります。ここではあくまでもわかりやすくするための目安として読んでください）。これが再認テストです。

さらに、ちょっと気づきにくいのですが、この再認テストですら正答できないアイテム（綴り）であっても、もう一度あらためて学習し直すと学習の効率がいい場合があることがわかりました。つまり今度はより高い確率で、再認できたり、再生までできたりするわけです。これを再学習と言います。

この結果は基本的には対《つい》連合学習でも変わりませんでした。この場合には、たとえばＧＵＤという綴りを手がかり刺激として見せ、ＯＸＹと自発的に答えられれば再生成功。それができなくてもＧＵＤ－ＯＸＹという対を見せられて、イエスと正しく答えられれば再認成功。さらにそれができなくても、もう一度学習して学習効率が初回よりも良ければ再学習によって記憶の痕跡が証明されたと考えられます。実際には再認できなくとも再学習で促進が起きる単語や、それとは逆の単語などいろいろ出てきます。

再生できず意識レベルでは「記憶されていない」としても、再認や再学習で行動的に記憶が証明されることがある。要約すればそういうことです。

†再認＝「前意識の知」の指標

なぜテストによって記憶成績が違ったのか。それは記憶にも様々な深さがあり、また異なる神経メカニズムが関与するからです。

その後の多数の研究から、再生は顕在記憶の指標と考えられるようになりました。正しいアイテムを自発的かつ自覚的に記憶から呼び出せるのですから、顕在（＝自覚できる、意識できる）とされるのは当然ですよね。これとは対極的に、再学習は潜在記憶の指標とされます。これも再学習するまで記憶していることにまったく気づかないわけですから、当然です。序章の最後で、潜在認知を三つに分けて説明しましたが（四九ページ）、その三つ目が潜在学習でした。

さて、では再認は何かと言いますと、その中間、つまり「顕在的な側面を持つ潜在指標」と捉える研究者が多いのです。実際、示されれば（意識レベルで）見覚え感があるが、示されるまでは記憶している事実に気づかないのだから、これも妥当なところでしょう。実際、私たち自身や他の研究者たちの研究を見ても、再認記憶は潜在記憶と顕在記憶の中間のふるまいをすることが多いようです。

さて、記憶指標の紹介が長くなりましたが、ここで言いたいことは、再生＝意識レベルの知、再学習＝無意識の知。そして再認こそはその中間の前意識の知という対応関係が、科学的にも成立するということです。

「コロンブスの卵」とは（英語圏では通用しない表現ですが）「わかってみれば、拍子抜けするほど簡単」「こんな単純なこと、なぜ自分が発見できなかったのか」という人々の実感を指します。再認という記憶心理学の概念をしっかり理解し、前意識のレベルでは「すでに知っていた」と考えれば、この一見奇妙でパラドクシカルな実感も納得が行くのではないでしょうか。

この何節かで、私が創造性について、または独創的な洞察の生じ得る道筋について考えるに当たって、ヒントになった背景知識を告白してしまいました。お気づきでしたか。私はその昔、実験心理学の学生だったときに「独創性」というテーマとは関係なく、「記憶心理学」の講義の一環としてこうした記憶の区別を学んだわけです。それはずっと私の暗黙知の一部となっていて、独創性についてあれこれ考えていたときに突然「ああ、これが関係している」と天啓のように閃いたのです。

†オリジナリティはどこに存在するか

さてここで少し角度を変えて、唐突ながら次のことを問うてみたいと思います。独創性はどこに（どの場所に）存在するのでしょうか。

もちろん、天才という一個人の心（意識）の中に、という答えがもっとも常識的でしょう。しかしこれまでの考察から、これがはなはだ不十分な答えであることも明らかです。天才の意識の中ではないが、むしろその個人の無意識、あるいは前意識の中に。……これはベターな答えですが、まだ不十分だと思います。洞察は表現され、外側に出て承認されてはじめて「独創的」となるのだ、ということを再三強調してきたわけですから。といって半面、社会の中に、環境の中に、というのもきわめて無責任な答えです。ある特定の「天才」とよばれる個人だけが独創的な発見に到達し得る以上、その個人の精神と脳の特異な働きを無視するわけにはいきません。

ということで「オリジナリティはどの場所に存在するか」という問いに敢えて答えようとするなら、次のように言うしかないでしょう。天才という一個人の前意識と、自然環境または社会環境との間の、精妙な相互作用の中に、と（これは私が前著『〈意識〉とは何だろうか』〈講談社現代新書〉で、「来歴」という概念に絡めて論じたこととも重なっています）。

†「変化盲」現象

この「オリジナリティはどの場所に存在するか」という問いに密接に関連し、また潜在記憶、前意識の知という点にも深く関わる、興味深い現象をひとつ紹介しておきます。少し横道に逸れるようですが、「独創性は一天才の頭の中では完結しない」ことがよりいっそう実感できるはずです。

その現象というのは「変化盲（change blindness）」と呼ばれる現象です。自然風景や街角などの写真を短時間（数分の一秒）呈示し、短時間のブランクを空けて再度呈示する。これをくり返しますが、二枚目の写真はどこか一箇所、大事な部分が元の写真と違っています。どこが違うのか、できるだけ早く見つけなさいという課題です。間にブランクがないと、その部分が変化する（たとえば、飛行機のエンジン部や人の影が消えたり現れたりするとか、帽子の色が変わるなど）のが直接見えるので検出するのは簡単です。が、ブランクを入れると、不思議なことになかなか見つからなくなってしまう。それが画面の中で相当大きな領域を占めていたり、写真全体の意味に関わる重要な部分であっても見つからない。そういうデモです。ウェブでデモを実際にご覧になるとわかりやすいでしょう（http://

www.cs.ubc.ca/~rensink/flicker)。

またサンフランシスコのエクスプロラトリウムで現在（二〇〇八年）開催中の「MIND」展では、極めつけのデモ展示があります。そこでは写真の点滅を見続けていると、ずっと同じロサンゼルスの街角の風景のように思えるのにあら不思議、いつの間にか全然違うロンドン市街の風景に入れ替わってしまっているという、秀逸なトリックです。言うまでもなく、一回の点滅ごとに町の風景のどこか一箇所だけを変えていったのですね。

†知の周辺と中核

さて、この「変化盲」の現象は私たちに何を教えてくれているでしょうか。もし、私たちが外界の風景を一瞥《いちべつ》したとき、脳内にその精細な写し絵が（表象として）かたち造られ、記録されるとしたら、このような「変化盲」の現象が、ここまでドラマティックに起きることは説明しづらいはずです。このような「写し絵」モデルが、脳の実際の働き方とはかけ離れていることを、このデモは示しています。

脳は視野内の事物のうち、驚くほどわずかしか「記憶」していないのです。しかしこれは私たちの素朴な実感とはかけ離れています。実際、ある研究によれば（Levin, et al., 2000）、「変化盲」の課題を具体的に説明して「どれくらい正解できるか」問うと、被験者たちの自己予想は平均八七パーセントで、実際の成績（平均一一パーセント）とはかけ離れた数字を示しました。

それならばなぜ「大部分を記憶している」というイリュージョンが生じるのか。その答えは「脳の外界へのすばやいアクセス」ということにあります。視線を向け、注意を向け、情報を採集する。その作業を脳と眼が一秒の数分の一というサイクルで無意識裡にくり返すのです。

記憶を、脳内に刻み込まれ固定された何かの痕跡やアイコンのように考えてはなりません。たとえば（序章でもあげた例ですが）久しぶりで行く場所への道順がうろ覚えでよく思い出せないとき、それでも道順を辿っているうちに見覚えのあるランドマークが次々に出てきて、目的地に辿り着けるということがよくあります。逆にランドマークが変わっているとすぐに迷ってしまう、脳の中身は変わらないはずなのに。

脳は環境という、言わばデータベースにすばやいアクセスをくり返しながら、記憶を活性化し、読み出しています。外部記憶装置としての環境世界、読み取り装置としての脳。……記憶は、脳と環境の相互作用の中にあるのです。そしてこれはなにも、記憶に限りません。選好判断を脳内で孤立して瞬間的に起こる出来事としてではなく、定位を介した外界との相互作用として描いた「視線のカスケード現象」を想い起こして下さい（序章）。

そもそも「脳は環境から独立したインテリジェント・システムである」という考え方自体が、誤解なのです。より広く環境や社会に共通の知のデータベースとの関わり合いの中で、捉えなくてはならないということです。

このような観点からすれば、「情報」とか「表象」といった認知科学、情報科学に不可欠の概念もミスリーディングであり、要注意と言うことができます。その理由はつまり、脳内にすべてが精細に再構成されるという、場独立的なイメージが強いからです。

†周辺

変化盲の話は、この章の主題である創造性の話から少し離れてしまうように見えたかも知れません。この話を持ち出したひとつの理由は、先に述べたように創造性の発揮に記憶が深く関わっているからですが、実は本当の理由は他にあったのです。それを今、明かしましょう。

脳の外側の、記憶のデータベースとしての外界。そういう意味での「周辺」ということを、強調してきました。私たちの脳は思いのほか、周辺の環境に依存しているということです。

この「周辺」というのは便利なことばで、まったく別のニュアンスも持っています。たとえば、注意のフォーカスの外側、意識の及ばぬ前意識の範囲という意味での「周辺」。あるいは本人ではない周囲の人々、社会、状況、歴史的文脈といった意味での「周辺」、さらにはそれぞれの分野の中心的なトピックや方法論ではない、隣接分野という意味での「周辺」、文化のトレンディな中心から隔たった辺境という意味での「周辺」など。

ついでに言えば、「周辺」にはなんとなく、重要ではない、本質ではないというニュアンスがあります。重要ではない「と思い込んでいるところ」と足したほうが正確でしょうね。

このように豊かな含蓄を持つ「周辺」は、単に個人の心の潜在領域を指すのではない。また周囲の自然／社会環境だけを指すのでもない。むしろその両者がダイナミックに重なり合い影響し合う領域を指すのだということを、変化盲の現象は教えてくれるのです。

先ほど「前意識はインターフェースである」と言いました。「新たな知は外から直接与えられたわけではなく、といって内側にあらかじめ存在していたとも言えません。その両者の間でスパークし『組織化』されたのです」とも。あのときは少し唐突と感じた人も、ここで十分納得できたのではないでしょうか。

頭の中で生じた洞察も、外の世界との関係で確認される。そういう意味で変化盲の話は創造性とつながっています。

「周辺」が何重もの意味で重なるところ。そこにこそ創造性の源泉となる構造があるように思えます。「周辺」をキーワードとして（その含蓄ごと）覚えておいてください。

†夢、辺境、後づけ

以上のような考察から、周辺の領域が、創造性にとって重要であることがはっきりしたと思います。

そこであらためて、独創的な発明、発見にまつわるさまざまな現象やエピソードを振り返ってみると、今さらながら腑に落ちることが多いのです。

たとえば歴史上の大発見は、しばしば夢がきっかけでなされると言われてきました。少なくとも先哲たちが気づいたきっかけとして報告しているのは、夢が多いのです。たとえば化学史上はっきり記載されている例として、メンデレーエフによる周期律の発見があります。ケクレが原子同士が連なっていく夢を見て鎖状構造を思いつき、またヘビが自分の尻尾を嚙んで輪状になっている夢を見てベンゼンの六員環構造を思いついたという話も有名です。

これらには疑義をはさむ説もあります。が、芸術における創造性となると、夢の役割を支持する方が主流なのではないでしょうか。実際ユングはそのように論じていますし、画家デューラー、作曲家ワグナー、詩人コールリッジなどの例はよく引き合いに出されます。

他方で、夢が心の潜在的領域に関わっている。そこに隠され、あるいは抑圧されていた何かが、変装した形で意識に立ち現れるのが夢だ、とはフロイト以来言われていることです。フロイトの説には批判も多いのですが、潜在記憶の断片が変形して顕れること自体に異論はないはずです。潜在過程が豊かな創造性を提供する土壌であることを考えれば、このことは偶然とは思われません。

また夢だけでなく、偶然のきっかけから、というエピソードは非常に多いのです。

iPS（ヒト多能性幹細胞）で画期的な成果をあげた京都大学の山中伸弥教授は、この分野の中心から見れば傍流の整形外科出身です。このこと自体はむしろ「辺境から」の具体例でしょうが、発見のきっかけが案外偶然的であったのも事実のようです。なんでも、普通はひとつひとつしらみつぶしに遺伝子を当たるのが常道なのに、研究室の大学院生がエイヤッとばかり全部まとめてやってみたらうまく行った。そこで足し算ではなく引き算で、ひとつずつ間引くことを試して目標に到達した、という話です。

このように、なぜ一見関係のない出来事や脈絡のない行為から、飛躍的な連想が広がり、洞察につながるのか。再び心の潜在的な領域抜きでは理解しにくいと思います。

また大発見や、その分野の革命的な新しい流れは、ほとんど常に「周辺」からやってきます。私の専門に近い心理学史の場合で言えば、どの時代にも新潮流はほとんど常に隣接領域＝辺境からやってきています。まず物理学の模倣からヴントの構成主義の心理学がはじまり、哲学（特に現象学）の流れを汲むゲシュタルト心理学、パブロフなど生理学や動物研究の影響を受けた行動主義、コンピュータ科学の影響を受けた認知科学、などというように。隣接分野から新しい洞察や方法を取り入れることで、心理学は進歩してきたのです。

アートや音楽におけるエスニシティの勃興も、政治的な辺境がエキゾティィズムにマッチして増幅したと言えるでしょう。

もちろんここでいう「周辺」は、それ自体では潜在認知や前意識とは違いますが、ある深いところでつながっている。つまり政治的、社会的、文化的な意味での辺境と、本人の意識の周辺、またはその外縁＝前意識という意味での辺境が、実はつながっていると思うわけです。

そして言うまでもなく、ひとたびクリエイティヴィティが表出するや、「後づけ」の解釈や意味づけがなされる。それによって辺境からやってきた偶然は歴史の必然となり、辺境が中核になっていく。この経過は、文化のあらゆる分野の歴史が雄弁に示しています。

先に「クリエイティヴィティはどの場所に存在するか」という問題にふれましたが、それになぞらえて「クリエイティヴィティはいつから存在するのか」と問うてみることもできます。つまり独創的な洞察や発見は、いつの時点から「独創的」なのか（だったのか）、ということですね。案外、先づけであると同時に後づけなのではないでしょうか。

これには、単に評価が定着するまでにかなりの時間的遅れがあるということ以上の意味があります。周辺が中核化するまでの天才と環境や文脈との相互作用が、クリエイティヴィティの成立にとって本質的に重要であるという点が重要なのです。

確かに、「将来独創的な業績をあげそうだ」という期待を込めて、「あの人は独創性（クリエイティヴィティ）がある」などと言うことも確かにあります。しかしそうした場合にしても、過去のその人の小さな業績や、先の相互作用のスタイルなどを見て言っている場合がほとんどでしょう。

こうして、独創的な発見にまつわる一見ランダムなことどもが――つまりきっかけとしての夢、偶然の作用、辺境からやってくる、後づけ、などの特徴が――「前意識の知」というキーワードひとつで、にわかにつながりを持ち腑に落ちるように思われるのです。

†オセロのアナロジー

と、ここまで話を進めてきて、私が直感的に連想したのは、オセロや囲碁などのゲームです。独創的な思考について私が書いてきたことは、オセロや囲碁のゲームと似ている、それらに喩えるとわかりやすいのではないか、ということです。

これらのゲームと、科学者やアーティスト、起業家などが直面する状況に共通しているのは、「複雑すぎてしらみつぶしの検証はやりきれない」ということでしょう。たとえば囲碁では、最高速のコンピュータを使っても、可能な手と応手のあらゆる組み合わせ、分岐をすべて終局まで調べ切ることはできません。

それでいて、半面でやはり共通しているのは、どこか一点急所のポイントを押さえる妙手を放つと、ゲシュタルト=全体の状況が変わることです。一挙に戦況は好転し、戦略を制約する文脈や今後の方向がいっぺんに激変します。局所的な状況だけを好転させる常套手段は手筋と呼ばれ、これは良い手ではあっても、全体の局面、状況を一気に変えるドラマティックな手とはなりません。興味深いことにそういう手筋は、たいてい意識や注意の中心部、局面のいわゆる争点の部分に位置することが多いのです。

そういうありがちな手筋とは別に、「普通なら悪手だが」、あるいは「思いつきにくいが」有効な手がある。天才的なプロは、そういう妙手が「浮かぶ」といいます。「天来の妙手」などという表現さえあります。つまり天才たちの心の中でさえ、探して見つけるのではなく、受け身の形で立ち現れるのです（少なくとも現象的、主観的には）。その上、たいていは周辺から。

この「受け身の形で立ち現れる」、つまりあたかも発見や洞察があちら（＝周辺）からやってくるように見えるという点は、潜在認知が関与する大発見や大発明の本質には関わりない、瑣末なディテイルのように思われるかも知れません。しかし私はむしろ、それらに共通する重要な特徴だと思います。

あくまでも天才のアクティヴな努力によってのみ見出される妙手でありながら、その本人の主観にとっては突然「あちらから」やってくる。あるいは天啓のように「閃く」。その現象学的な立ち現れこそが、解明すべき最大の謎であるとさえ言えるほどです。

そしてこの謎が次の謎をもたらします。つまりこの受け身の立ち現れと、大発見の「予感」とをどのように矛盾なく理解できるのか、と。この章のここまでを丹念に読まれた方は、その答えを推察していただけますよね。

この一見矛盾したありようは、（すでに指摘した通り）潜在認知の過程から顕在認知の領域に結果が読み出されるときに共通する「現象的な特徴」なのです。受け身の、また偶然を装った立ち現れ方をするのは、それが潜在認知の領域＝私の中の他人の領域からやってくるからです。一方予感できるのは、それにもかかわらずその知が潜在的には知られているからです。

このように考える以外には、「能動的なはずなのに受動的な立ち現れ方をする」という一見矛盾に満ちた奇妙な立ち現れ方を、理解する術はないと考えます。ただ、受け身の立ち現れ方をするにもかかわらず、飛び抜けた妙手は多くの場合、打たれたとたんにそれと認知されます。誰に認知されるかと言えば、まずその打った本人に、そしてその相手に、さらに周辺で観戦している他のプロや評論家、そしてファンたちに、だいたいこういう順序で。

ひとたび着手されるや、ただちにそれがコンテクストとなり、全体の状況を規定する柱となって、次なる「手筋」や「妙手」を待つことになります。また定石（定跡）の一部にたちまち組み込まれて「手筋」のひとつに数えられたりするという形で、常識化するのです。科学的な大発見などについて、すでにくり返し述べたことと同じです。本当に異論の余地のない発見であれば、高い創造性を持たない普通の人々にも認知され、教科書に基礎知識として記載されるのと同じ事情です。

†情動の役割

自明すぎるのでこれまで敢えてふれてきませんでしたが、少しちがう観点から見てつけ足したい点があります。独創的な洞察の成立するメカニズムを理解するうえで、忘れてはならない要素です。それはしつこさや執念、これです。

より広く「モティベーション（動機づけ）」と呼ばれるものが、偉大な発見や業績に欠かせない必要条件であることは、先哲のさまざまな証言からも明らかです。

だが、これはなぜでしょう。なんにせよ高いゴールを達成するには地道な、しつこいぐらいの努力が必要だから、というのは一般的すぎて、独創的な洞察に関する答えとしては不十分でしょう。次に述べることは、私なりの試案です。

まず、独創的な洞察に至るには周辺／辺境を探索する必要がある。それも外界からの刺激と内的な欲求との間の「偶発的な」スパーク、というかたちをとることが多いので、探索／接触の頻度が高いほどチャンスも多く到来する。これがまず、第一の理由。

次に、自分のすぐ脇を大きい獲物（洞察のタネ）が泳ぎ去ろうとするとき、めざとくそれを見つけてキャッチする必要がある。それはいつ何時来るかわからない（来ないかも知れない）ので、目を光らせている持続的な執念が必要というのが第二の理由。これまでに挙げてきた偶発性、受け身の立ち現れ、周辺から、などの特徴とも合致する話です。

まとめて言えばランダム・ウォークをたくさんして「犬も歩けば棒に当たる」必要があるということですね。もう少し専門的なことをちらりとだけ言うと、意味のネットワークをできるだけさまざまな角度から刺激し続け、かつ概念や言葉の間の連想価を高めておく必要がある。この両者にも持続的な高い動機づけが必要です。

というわけで、これまで洞察に至るメカニズムをおもに潜在認知過程との関係で論じてきましたが、そのメカニズム全体を駆動するものは当然のことながらモティベーションである。そしてこのモティベーション自体が、潜在認知過程からのフィードバックによって上がりもすれば下がりもするという、そういうダイナミズムが働いている気がします。

わかりやすい話、本格的な洞察のヒントになる予感や前洞察（小洞察）があれば、俄然やる気になりモティベーションが上がる。そうなればまた次のランダム・ウォーク（いや、今度は少しだけ絞り込んだセミ・ランダム・ウォーク）にも弾みがつき、次の前洞察もみつけやすくなる道理です。天才的な洞察が見かけ上いかに一瞬の出来事に見えようとも、そこには長い時間をかけたダイナミクスが働いているということが、あらためて実感されます。

†暗黙知の中身

これまで潜在知、あるいは暗黙知ということばを、曖昧に、断片的な事例に頼って使ってきました。その暗黙知の実質的な中身はいったい何なのか。ここらで簡単に探っておきます。それが次節で発する問い、つまり創造性は訓練できるかという問いに答える重要な足がかりになるからです。

暗黙知とは、この章の冒頭でも紹介したように、哲学者M・ポランニが、人間の知の独特な構造を考察するために導入した概念です。彼の考える暗黙知の好例は自転車の乗り方や、楽器の演奏、伝統芸能や工芸の技能など。だがなにも身体技能だけではなく、囲碁、将棋、ポーカーなどの知的ゲームやセールスマンの技能、教師の教えるスキルなどにまで拡張できるかも知れません。ことばでは説明できないが、やらせればできる。そういう知です。

芸能や武術などでは訓練が重要なのは常識です。その場合の訓練とは、実際の行為や身体運動を伴う反復練習である場合が多いようです。ことばで記述されたルールや原理ではなく「からだで覚えた」暗黙知だけが本当の向上につながるのです。

「このような暗黙知や訓練の重要性は、スポーツや工芸には確かにあてはまるだろう。だがもっと理知的で分析的な知性、たとえば科学や数学の学習には当てはまるはずがない」そのように主張する人もいるでしょう。しかしそうとばかりも言えません。

たとえば、UCLAの知覚心理学者P・ケルマンは、小中学校で教える算数や数学のような教科でも、暗黙知の学習が明示的な学習よりも教育効果が大きいことを示しています。彼は生徒を二つの群に分け、そのうちの一群は従来どおり定理や公式を教えて例題をたくさん解かせるやりかたで訓練しました。もう一群はいっさいそのような知識を与えず、例題すらふれさせず、まったく違うトレーニングをしました。どんな内容のトレーニングかと言えば、ただ問題の直観的な見方を養ったり、問題の分類の仕方、構造や解法に向かうための対応づけの仕方だけを、徹底的に訓練したのです。

その結果は驚いたことに、後者の方が学習効果が大きかったのです。くり返しになりますが、後の群では練習問題すら解かせていない点に注目してください。

ここでケルマンが訓練した技能は、古典的な知覚学習にあたります。つまりはモノの見方の訓練です。また記憶心理学で言えば、いわゆる「手続き記憶」にあたります。この手続き記憶というのは、ものごとについての命題的な知識に対して、文字通り手続きに関わる知識を指します。

いずれにしても創造性に関わる暗黙知の範囲は、普通の意味で身体的なものよりは広いのです。こういう問題に直面したらこうするものだ。なぜか知らないが、まずこう見てしまう。そういう「習慣」に近い技能が相当入っているということです。

先に「暗黙知は数学の技能には当てはまらない」と考えた人は、基本的な誤解をしていたことがわかるでしょう。暗黙知は、狭い意味の身体運動以上のものを意味する。それは知覚の様式や認知のスタイルを含む、手続き的な性質を持つ技能であり、論理的な知もその上に立ってはじめて花開くのです。

†創造性は訓練できるか

以上の考察をすべて踏まえて、あらためてクリエイティヴな人とはどういう人か、独創的な才能とはどういう能力か、と問い直してみましょう。さしあたり「全体的な状況を把握し、顕在知（顕在認知過程）と暗黙知（潜在認知過程）との間を自由に往還しつつ、考え続けられる人（能力）」と答えてみることはできそうです。

だが独創的な才能を一応このように定義できたとして、それは実質、何を意味しているのか。仮にそういうものだとして、それはいったい訓練で向上する性質の能力なのか、それとも「天与の才」などとよく言われるように、天才は生来のものであって訓練や教育で補えるものではないのか……そういう疑問が生じます。

この問題について、（私から見て天才か、それに準ずると思える才能のある）サイエンティストやアーティストと、議論してみたことがあります。彼らはだいたい「どこまで訓練しても駄目な人は駄目」、悪く言えば「生得的エリート主義」に近い立場を採ることが多いようです。

これは必ずしも彼らが思い上がっているからではありません。そうではなくてむしろ、自分でも自分の才能がよくわからないから、自分にとって簡単なことが他人になぜできないのかも理解できないからだと思います。そしてさらにその原因を追究すれば、先ほどから述べているように、独創的な洞察やアイデアはほとんど「受け身に、向こうからやって来る」という、偶然性を装った立ち現れ方をすることに原因がありそうです。

†天性の才能とは

人が偉大な発見や発明、作品や演奏などを「天性」や「生来のもの」に帰するのは、どういう場合でしょうか。大きな業績や洞察、才能の出所が見えず、天性でないとすれば偶然や奇跡にしか見えない場合だ、と言えないでしょうか。

ところが、「出所が見えず、偶然や奇跡にしか見えない場合」は天性以外にもうひとつある。それは必然であっても潜在的な、つまり本人にも自覚できないレベルでスパークが起こる場合だ。とまあ、敢えて言い切ってみたいわけです。

では、「創造性の訓練」に関する私自身の考えはどうか。ここで申し上げておきましょう。私は彼ら天才たちとは最終的な結論——つまり実際問題、本当に独創的な洞察や発見で歴史に名を残す人はごく一握りしかあり得ないこと——においては賛成するものの、ある重要な点で少しニュアンスの違う見方をしています（私が彼らほど天才でなかったお陰かも知れません)。

私が思うのは、まず第一に、(再三指摘したことのくり返しになりますが)天才的な才能なるものが、個人の心に孤立して存在するものではないということ。たとえば身長とか肌の色のように、どのような環境、状況になっても不変にその個人が持ち歩ける特性なんぞではないのです。そうではなくて、もっと受け入れる側の社会の環境いかんによってどうにでもなる、ダイナミックで「儚《はかな》い」ものであるように思います。

どこからこんな私の感想が出てきたか。それは必ずしも上のような分析的考察からだけではありません。日頃トップクラスと思える同僚研究者たちと接していると、彼らの持続的な才能に驚きます。がそれでもなお、ノーベル賞級の大成果をあげるにはタイミングのよさ、それも社会的な文脈の奇跡的な偶然が必要であるという思いを禁じ得ないのです(後でもう少し補足します)。

このように社会的文脈に左右されるぶん、天才の独創性は儚い。しかし社会的文脈ならある程度公共のものです。それに絡めれば、独創的な才能を開花させるための必要十分条件を全部満たすことは無理であっても、必要条件のいくつかを訓練で向上させることぐらいはできるのではないでしょうか。

†天才の複製は可能か

具体的な話に飛ぶ前に、議論の筋道がつかみにくいかも知れないので、また少し搦め手から攻めてみましょう。独創性を訓練することはある程度可能なはずだが、にもかかわらず天才を複製することはできない。そういう論点です。

最近アメリカでは、ノーベル賞受賞者をはじめ、各分野の「天才」の精子の売買を仲介する商売があり、ハリウッドのセレブや女性億万長者たちを顧客に、結構繁盛しているそうです（確か私の好きなジョディ・フォスターも、そうした顧客のひとりだったというニュースが流れたように記憶しています。むろん真偽はわかりませんが）。

これはうまくいくでしょうか。つまり女性顧客の思惑どおり、天才児がどんどん育つか、あるいはそこまでいかなくても、IQの極度に高い優秀児ばかりが生まれるか、という意味ですが。

そういう統計が公表されているとは思えないし、少なくとも私は知らないのですが、おそらくうまくいかないと思います。たぶん、平均すれば学業成績やIQが平均よりは少し高いという程度のところだろうと想像します（例外的な天才も、ひとりふたりは出るとしても）。それは何も、母方の知能が特別高いとは限らないからというような理由からではなく、ひとつには「平均への回帰」という、動かし難い統計学の法則があるからです。

つまり、遺伝子の交配とその表現型（長じてから実際に示す能力）の発現にはある程度ランダムな要素があり、その度合いに応じて今回特別に優秀だった場合、次回は平均に向かって下がる可能性の方がはるかに高いということが、確率論的に証明できるからです（プロスポーツで記録的な活躍を見せた選手が、翌シーズン必ずスランプに陥るというジンクスがあるのも、このせいだと言われています）。

ただここで強調したいのは、もうひとつの方の理由です。それはつまり、ここで問題となっている「天才的な能力」そのものが、あらかじめ固定的に存在している絶対的なものではないということです。それよりはむしろ、社会全体やそれぞれの専門分野（数学、天文学、生物学、アート、文学、スポーツ、などなど）のその時々の状況に応じて引き出される可変的でダイナミックなものなのではないか。だから天才の遺伝子をもらってこどもを作っても、置かれている状況が違うのだから、奇跡的な業績に再び辿り着くとは思われない。そういうことです。

もちろんこういう話以前に、子育ての環境と教育次第でこどもの才能はどうとでもなる、という狭い意味での、より常識的な「来歴」の問題があるわけです。が、ここではそれを仮に脇に置くとしても、という前提です。それでもなお、独創性や洞察や天才といったものが状況依存的、社会依存的であるという、よりスケールの大きな、集団的な「来歴」が問題となるわけです。

分子生物学や生殖医療の領域ではクローン技術がもてはやされていて、ヒトクローンの可能性さえ示唆されています。そこでここでの議論を先鋭化するために、ひとりのノーベル賞学者のクローン人間を造り、次世代にエリート教育を受けさせたと仮定してみましょう（あくまで思考実験レベルの話で、クローン人間の倫理的な是非は別問題です）。

†クリック・ジュニアの思考実験

たとえば、かのフランシス・クリック博士はジェームズ・ワトソン博士と出会って、共同でDNAの二重らせん構造を発見しました。そこには、一九四〇年代から五〇年代に至る生物学の状況、学問的文脈があったことは言うまでもありません。実のところ、案外スキャンダラスな学界の人間関係が絡んでいたことまで、ワトソンの名著『二重らせん』には書かれています。

そういう状況下で何かが熟成され、じわじわと、また同時に突如として、あの洞察が生じた……そのあたりのことも、この本に詳しいところです。

そこでこのクリックのクローン人間（クリック2、と呼びましょう）が、次、または次々世代に生まれたとして下さい。大事なポイントとして、その時代とは、先代のクリック（クリック1）がもう二重らせんの発見をすませてしまっていて、それが生物学の常識としてすでに歴史化／文脈化している時代です。

さてクリック2は、果たして二重らせんの発見に匹敵する大発見を、するでしょうか。生物学でなくても別の科学分野で、それともアートや文芸の分野で。

考えられる非常に多くの理由によって「きわめてありそうもない」と、多くの人が感じるはずです。たとえばすぐに思いつく理由として、ワトソン（少なくともワトソン1）には、同じようなかたちで巡り会うことはできない、とか。学界の最前線の知見や方法がまったく違ってきているとか。いくらでも考えられます。

一言でまとめればこういうことです。遺伝子や環境、教育などの相互作用で本人の辿って来た来歴と、その時代の社会と学問の文脈／状況。それらが奇跡的に、非線形に（＝予測し難い形で）スパークしたときにはじめて、独創的な洞察が生じるのだから。そのどれかひとつが微妙に変わっただけで、スパークはもう生じないはずだから。

天才の遺伝子を高値で売る会社や買う顧客は、まさにこのことを忘れていると思うのです。いや、会社の方は知った上で、それを隠してセールストークしているのかも知れませんが（ジョディ、ごめんなさい！）。

†夢よもう一度

本当の天才には悲劇の影がつきまとう、としばしば言われます。そういう天才の人生の悲劇のひとつのパターンは、前にもふれたように認知されるのが遅すぎたから、というものですが、もうひとつの原因がここらにあるのではないでしょうか。

若いときに大成功するととかく後の人生が狂いがち、とか、天才と狂気は紙一重で、実際自閉症気味だったり統合失調症や躁鬱だった天才たちは歴史上多いとか。そういうことを言いたいわけではありません。それらも関係するのですが、ここで言いたいことは別にあります。それは彼ら自身の成功の秘密、あるいはメカニズムが、彼ら自身にも見通せない、潜在的な場所に隠されているから、ということなのです。

科学の分野で言うと、ノーベル賞を取ってからまったく違う分野に転向して、もう一発ホームランを狙う科学者は結構たくさんいます（なぜか私の専門に近い脳神経科学や精神科学に転向する人が案外多いのが面白いところです）。たとえば先のクリックは、分子生物学でノーベル賞の中でも超弩級と言われる発見をした後、脳神経科学に転向し、意識の謎を解明しようとしましたが、さほどの成功をおさめることなく亡くなりました。

ごくごく少数の（たとえばノーベル賞を二度取るような）例外を除き、だいたいうまくいっていません。実際研究の中身を見ると、これがあのノーベル賞受賞者の仕事かと思うような第二級、下手をすればトンデモ級の仕事だったりするのです。古典物理学の基礎を築きながら、スピリチュアリズムやオカルトに傾倒したニュートンの名前をあげることもできます。

これらの事例はなんとなく、流行歌やポップスの世界で言う「一発屋」に似ていませんか。そう、天才の仕事の多くは一発屋的なのです。これは科学の世界に限らず、たとえばエンジニアリングの世界もある程度はそうだし、小説家や音楽家にしても、ドストエフスキーやモーツァルト、ベートーベンのような超弩級の大天才を別にすれば、真の傑作は一本だけということが多いようです（ポップス、流行歌の作詞家、作曲家などは例外かも知れませんが、これらは業界のシステムが働いているので、別の話です）。

というわけで、少し話が長くなりましたが、天才は二度とくり返せない。そしてそのことは、単に天才的な仕事の困難さ、希有さを示しているだけではなく、文脈依存的、状況依存的なダイナミックさと儚さとを示している。また個人の来歴からはじまって潜在レベルで起こる、見えにくい入り組んだ道筋が不可欠であることを物語っていると思います。

くり返しになりますが、天才の天才性は彼（女）の頭の中に孤立して存在しているわけではないのです。

†独創性を培う訓練?

天才の一回性を巡るここまでの考察には、もうひとつ、きわめて重大な帰結があります。それは、天才が思われているほど特別な人種ではないということです。これは私白身が、歴史に名を残すような天才的な研究者と肌で接して感じることでもあります。ということはつまり、私たち凡人にも、やり方次第、訓練次第で、天才のごく一部を分けてもらうことが可能だということにもならないでしょうか。

ここで読者は、独創性を発揮するための秘訣集、みたいなものを期待されているかも知れません。だとしたら私は「羊頭《ようとう》を掲げて狗肉《くにく》を売」ろうとしたことを詫びなくてはなりません。私はおよそ天才にはほど遠く、独創性を発揮する秘訣をもし知っていたら、こんなに苦労はしないわけで。

それでもいいから、と言ってくれる読者のために、これまでの分析から言わずもがなのポイントを、試しにいくつか挙げてみることはできそうです。

たとえば私なら、全体の状況をよく分析し、しっかり把握してから忘れることを勧めます。全体の歴史的文脈についても同様に。この忘れる、つまり顕在知から潜在知に貯蔵し直すことが、案外重要なのではないか、と思うわけです。さまざまな視点からの分析や知見を、潜在知の領域に貯め込んでいく。

その結果として、関連する事柄について、顕在知よりは潜在知の領域に圧倒的な物量が偏る状況を創りだす。これは直観的に、悪くないと思えます。十分条件ではないが、必要条件ではあり得る、という気がします。いわば電池を充電させた状態、ですね。「情動の政治」に絡めて第4章で紹介したビジョルクらの研究（二一六ページ）からもわかるように、積極的に忘れた事項の方が、潜在レベルで賦活化しやすいかも知れません。

それも複数の異なる問題、異なる分野について、電池が充電されるとなお良い。回路がショートしてスパークするチャンスが増えそうですから。

そもそも「発想のヒントになる」とはいったいどういうことなのか。というのも同じ刺激が、同じ問題を考えているある人には重大なヒントとなり、別の人には何も起こらないのですから不思議です。しかしとりあえず、意味や文脈のネットワークが拡張したり重複するうちに、それまでつながっていなかった思いがけない所にいきなりつながりができると考える他はありません。

これ自体は、創造性の心理学や、あるいはその一歩手前とも言うべき「比喩」の認知科学などで繰り返し言われてきたことです。ただここでは、そういう突然のつながりがそもそもなぜ起こり得るのか、またどういうときに起こりやすいかを考えたい。そのときに潜在認知レベルのネットワークを考えることで、深く得心がいくと思うわけです。

それから、本能（ここでは潜在認知や情動）の赴くままに遊んでみる。ときおりは過激な刺激を与える。この場合の刺激というのは知的、論理的な刺激とは限らず、音楽のような情動的な刺激、スポーツのような身体的刺激、長い節食後のグルメ三昧とか禁欲後のノルコールやセックスなど。そうした報酬系に直結する刺激がいいんじゃないか、となぜか思います。

そしてその時に、自分の心の潜在的な部分からの微妙な信号、ささやきに注意を向ける。なぜだか知らないが気になることは書き留める、とか。自分の言い間違えや記憶違い、混同、行為の誤りに注目してみるとか。夢を書き留めるというのも、これに似た意味があるでしょう。こんなことは先駆者が皆言っていることでしょうが、ここでは潜在認知という理由つきで再提案しているわけです。

つまりここでは、意識的な「好み」や「選択」に至る一歩手前の前駆的な心理プロセス、たとえば定位反応や手がかりの目立ちやすさ、さらに言えば「気がかり」などに注目しているわけです。

このような行為を通じて再び、意識的、論理的、分析的な顕在知の営みに戻る。それからまた同じように、潜在知と顕在知の往還をくり返す。すなわち「全体を俯瞰した上で、顕在知と潜在知の領域を自由に往還する」持続的な努力に他なりません。

なんてね。こういう口幅ったいことを書いていると、「なんだ、その程度ならわかっているよ」という読者の声が聞こえてきます。「お前自身、こんな努力はしてないじゃないか」という自分自身の声も。なので、このぐらいで勘弁していただきます。

後は自分で考えてください。そもそも、他人に独創性を発揮する秘訣を訊ねるなんて、真に独創性のある人のすることじゃないですから。

いずれにせよ、いろいろな意味で「周辺に核心がある」。これは確かだと思います。

†結び

独創性を巡る考察で浮かび上がってきたさまざまな側面が、期せずして、この本全体を流れるいくつかのテーマのヴァリエーションとなっていました。意識経験に先立つ潜在認知の役割、選好／選択とそれに先立つ定位反応、情動の役割、注意の中心と周辺、能動性と受動性、など。

見方を変えれば、独創性を巡る考察を次のようにまとめることもできます。一見ランダム・ウォークに見えることが、実はランダムではなかった。特に意識の潜在領域、暗黙知を考えるなら、と。これはこの本で扱ってきたさまざまな心理／社会現象にも、そのまま当てはまるはずです。

振り返ると、この本の序章ではまず、身近な例から情動と潜在認知というキーワードを導入し、視線と選好に関する研究例も紹介しました。進化と社会に広がる本全体の射程が示せたはずです。

続く第1章では、「快」はどこから来るのかという問いを発し、音楽の快、言語機能との関係、進化の道筋などを辿りました。快を理解するには脳内報酬系を理解しなければならないが、既存の神経科学が役に立たないことを指摘しました。さらに新奇性と親近性が魅力と関係しているところに目をつけて、記憶と選好のつながりを考えました。そのことからやがて、感覚皮質の「暴走」仮説とニューラル・ハイパー・リアリズムに思い至ったのです。

第2章では、この考えを少し違う角度から肉づけました。刺激の過剰という観点から、現代人の脳と身体が晒されている環境を見直したのです。感覚刺激の量、変化や動き、速度、情報量など、あらゆる面での過剰が進行しています。「上限で止まるはず」という見通しは疑わしく、カタストロフィに向かいかねないこと、単なる量の過剰ばかりではなく、多元化や選択肢の過剰が進んでいることも示しました。

この選択肢の過剰という点を受けて、市場の成熟、マーケティング戦略の進展が消費者に何をもたらしたのか。それを問うたのが第3章でした。広告の効果が思いのほか原初的で生物学的であること。情動報酬、記憶、後づけの認知過程も選択に影響すること。それらを踏まえて現代社会の市場を改めて見ると、そこにあるものは巧妙な選択肢の制御です。消費者は自由を、コントロールと両立する形で謳歌している。そのように結論しました。

第4章で見たとおり、同型の問題が政治の世界でも見られます。政治における大衆誘導は今にはじまったことではないが、仕掛ける側の戦略化とマスメディアの介在が効果を広げている。また無意識の情動にトリガーをかけるやり方に対しては、知っていてもなかなか抵抗できない。そのような点を、米国の大統領選や国内の政治情勢などから例証しました。さまざまな事例から「情動の権力」の姿が浮かび上がってきました。

最後に少しだけふれた「マクドの賢い客」のことも、忘れないでいただきたいと思います。

このような多岐にわたる話題を受けて、独創性というやや特異なテーマについてこの章で論じてきたわけです。その本当の動機が、そろそろ読者の皆さんにも明らかになってきたと思います。

私たち現代人は日々、おびただしい情報と刺激に取り囲まれて生活しています。政治の理不尽、文化の突飛、市場の予知不能、犯罪の精神病理、国際情勢の不可思議。日々伝えられる現代的な新現象はますます了解不能な、敢えて言えば奇怪な様相を示し、私たちを漠然とした不安に陥れます。それらは互いに何の関係もないように見えて、案外情動と潜在認知という地下茎でつながっているのではないか。それを見通すことでいくぶんかでも「腑に落ちる」のではないか。これがこの本の隠れた動機でした。

この最終章では、本全体で素描してきたひとつの見方の応用問題を解くと同時に、テーマ全体の変奏曲を、最後に奏でる結果となりました。現代社会と現代人の心の分析に終始したこの本を、それによってよりポジティヴな未来形で終わらせることにもなる。善悪は別にして、いずれにせよやってくるものをより精確に予測し、備えることにもなる。

たぶん潜在認知のどこかで（！）、私はそう考えていたのかも知れません。

あとがき

一昔前に双子作品ともいうべき二冊の新書を書き終えた直後、私は「十年間断筆宣言」を周囲に出した（一般向けのまとまった本としては、というだけの話だが）。理由は、ちょうど海外に拠点を移したところで研究に専念したいということだった。また一般向けという意味ではほぼ出し尽くしていて、からっぽという心理状態だったことも大きい。

それから八年ほどを経て少し疼《うず》きだしたところへ、ちくま新書の磯知七美編集長から絶妙のタイミングで誘いを受け、事がはじまった。だが予期に反して書き手の腰は重く、彼女はあらゆるアメとムチを駆使して叱咤し続けなくてはならなかった。粘り強い巧妙な誘導に感謝したい。

また中身を見てもらえばわかる通り、この本は共同研究の成果に基づいている。カリフォルニア工科大学の心理物理学ラボラトリーや、科学技術振興機構ERATO下條「潜在脳機能プロジェクト」、玉川大学‐カリフォルニア工科大学GCOEのメンバーをはじめとする共同研究者たちに感謝する。またコンポン研究所をはじめ、日米両国での研究資金のサポートに感謝する。

音楽の起源については、R・セグニーニ（下條「潜在脳機能プロジェクト」）、近藤静乃（東京芸術大学）のおふたりに、とりわけ有益な教示をいただいた。またマーケティング研究についてはC・シャイア（ドイツ decode 社）、自由を巡る社会思想史については酒井隆史（大阪府立大学）の両氏に直接インタビュー取材し、学んだことを本文（第3章、第4章）に大幅に反映させてもらった。明記して御礼申し上げたい。その過程で金沢工業大学主催のイベント「ルネッサンス・ジェネレーション」関係者の御助力を得た。さらにアーティストのタナカノリユキさん、朝日新聞記者の瀬川茂子さんら多数の友人たちからヒントを貰った。御礼申し上げたい。

そして最後に、常に励みを与えてくれた両親と、妻英子、息子研輔、親族、友人たちに感謝する。

タイトルについて一言、述べておきたい。序章でも断っている通り、この本で「潜在過程」というとき、いわゆる「サブリミナル知覚」の意味も含まれてはいるが、主眼ではない。むしろ、心的事象そのものには意識的な気づきがあっても、原因や因果関係に気づかない（または積極的に否定する）場合。それからまた、学習していることに気づかずに学習している場合などが、主眼となっている。

しかし「潜在」というよりは「サブリミナル」の方がわかりやすく、この本の中身をより直感的に伝えられるという理由で、主タイトルに選ばせてもらった。明らかに前著『サブリミナル・マインド』（中公新書）を連想させるタイトルだが、その続編と捉える向きがあっても構わないという気持ちもあった。敢えていえば、前著が基礎編で本書は応用編という位置づけだ。意図を汲んでいただければ嬉しい。

本文でも少し書いたが、この本のねらいは私自身のこの十年来の経験と重なっている。実社会に起こる「現代的な」諸現象を、心理学や認知科学、神経科学の角度から見る。そういう作業を、要望に応じて新聞の連載コラムや雑誌の雑文などのかたちでランダムに続けるうち、私の中で腑に落ちてくるものがあった（なかでも二〇〇三年六月から二〇〇五年二月まで朝日新聞朝刊に隔月で続けた連載「ヒト科学21」と、二〇〇七年五月から十二月まで読売新聞夕刊「コラム招待席」に不定期連載した内容とが大きな柱となった）。

市場、経済、政治、倫理、国際情勢。一見無関係に見える各所で続発する「理不尽な」現象を、いくつかのキーワードから見ることで得心がゆき、つながりも見えてくる。そのキーワードとはもちろん、情動と潜在認知だ。この感覚を、心ある知的な人々と共有できないかという願望を抱いた。

一冊の新書のまとまりとしては、いささか空中分解寸前ではある。だが一見無関係に見える事象が、蓮の花のように水面下でつながっている。章を追うごとに互いに呼応しつつ、そのつながりが見えてくれればと考えた。

考えてみれば、情動と潜在認知を科学的に解明することは、それ自体が自己矛盾に近い。わかりやすい例として、音楽の感動を認知神経科学的に分析したところで（第1章でやってしまったが）、音楽と同じ感動は与えられない。またことばで顕在的に分析することは、潜在レベルで説得されることとはちがう。書いているうち、そういう当たり前のことに気づいた。が、しかし、と思ったのだ。

各章の各部分が遠く共鳴し、連想をもたらす。反響して、交響曲とまでいかなくても、教会音楽か室内アンサンブルぐらいは奏でられないか。理性的な分析の部品から「作品」を作れないか。論理と情動は呼応しないか。そういう新書にあるまじき大それた野心を持ったとき、私の胸に去来したのは、学生時代に感銘を受けたM・メルロ・ポンティの一連の著作のことだった。

もとより同列だなどと主張するつもりはない。試作品のレベルに過ぎないかもしれないし、失笑を買っても構わない、と今は思っている。

本を出すのは、紙飛行機を風に向けて放つようなものだ。掌中の小鳥を宙に向けて、という方が適切かも知れない。気流に乗って、より高く遠くまで飛んで行けと祈りつつ。

二〇〇八年一〇月一六日　快晴のカリフォルニア州パサデナ市にて

下條信輔

アントニオ・ネグリ，マイケル・ハート（2003）『帝国――グローバル化の世界秩序とマルチチュードの可能性』，水嶋一憲他訳，以文社
酒井隆史（2001）『自由論――現在性の系譜学』，青土社
田中宇（2002）『仕組まれた9.11――アメリカは戦争を欲していた』，PHP研究所

<第5章　創造性と「暗黙知の海」>

青野由利（1999）『ノーベル賞科学者のアタマの中――物質・生命・意識研究まで』，築地書館
ホルヘ・ルイス・ボルヘス（1976/1983/1992新装版）『夢の本』，堀内研二訳，国書刊行会
井上弘幸（1987）「ケクレは本当に夢を見たか――科学の創造性と夢」，『化学』, 42-1, 23-27，化学同人
Kellman P. J., Massey C., Roth Z., Burke T., Zucker J., Sawa A., Aguero K. E., Joseph A., Wise J. A.（2008）Perceptual learning and the technology of expertise Studies in fraction learning and algebra. *Pragmatics & Cognition*, 16-2, 355-404.
Kellman P. J., Garrigan P. Perceptual Learning and Human Expertise. *Physics of Life Reviews, in press*.
ローレンス・レッシグ（2000/2001）『ＣＯＤＥ――インターネットの合法、違法、プライバシー』，山形浩生，柏木亮二訳，翔泳社
名島潤慈（1991）『ユングとフロイトにおける夢解釈の比較検討』，熊本大学教育学部紀要人文科学, 40, 325-336.
マイケル・ポランニー（2003）『暗黙知の次元』，高橋勇夫訳，ちくま学芸文庫
Rensink, R. A.（2002）Change detection. *Ann. Rev. Psychol*., 53, 245-277.
Tauber, E. S., Green M. R., Stern D. B.（2005）Prelogical Experience: An Inquiry Into Dreams and Other Creative Processes. Analytic Press, Routledge, Milton Park, UK.
ジェームス・D．ワトソン（1968/1986）『二重らせん』，江上不二夫・中村桂子訳，講談社文庫
カール・G．ユング（1996）『創造する無意識――ユングの文芸論』，松代洋一訳，平凡社ライブラリー

Fugate, D. L.(2007) Neuromarketing: a layman's look at neuroscience and its potential application to marketing practice. *J. Consum. Market.*, 24-7, 385-394.

廣中直行(2003)『やめたくてもやめられない脳――依存症の行動と心理』, ちくま新書

ポール・W. グリムシャー(2003/2008)『神経経済学入門――不確実な状況で脳はどう意思決定するのか』, 宮下英三訳, 生産性出版

Johansson, P., Hall L., Sikström S., Olsson, A.(2005) Failure to detect mismatchesbetween intention and outcomein a simple decision task. *Science*, 310, 116-119.

Knutson, B., Rick S., Wimmer G., Prelec D., LoewensteinG.(2007) Neural predictors of purchases. *Neuron*, 53, 147-156.

Montague R.(2006) Why Choose This Book? : How We Make Decisions. Penguin, New York/London.

成田和信(2004)『責任と自由』, 勁草書房(双書エニグマ)

Shimojo, E., Park J., Lebon L., Schleim S., Shimojo S.(2007) Familiarity vs. novelty principles for preference [Abstract]. *J. Vision*, 7(9): 933, 933a, http://journalofvision.org/7/9/933/, doi:10.1167/7.9.933.

Wittenbrink, B., Schwartz N.(eds)(2007) Implicit Measures of Attitudes. Guilford Press, New York/London.

<第4章　情動の政治>

Bjork I. E. L., Bjork R. A.(2003) Intentional forgetting can increase, not decrease, residual influences ofto-be-forgotten information. J. Exp. Psychol.: *Learn., Mem., Cog.*, 29-4, 524-531.

ハドリー・キャントリル(1940/1971)『火星からの侵入――パニックの社会心理学』, 斎藤耕二, 菊池章夫訳, 川島書店

『談』no.76(2006)特集「情動回路――感情, 身体, 管理」, 財団法人たばこ総合研究センター(TASC)

Jacoby, LL, Kelley C, Brown J, Jasechko J.(1989) Becoming famous overnight-limits on the ability to avoid unconscious influences of the past. *J. Personal. Soc. Psychol.*, 56-3, 326-338.

Kahneman, D., Slovic P., Tversky, A.(Eds.)(1982) Judgment Under Uncertainty: Heuristics and Biases. Cambridge Univ. Press, New York.

Green, C. S. and Bavelier, D (2003) Action video game modifies visual selective attention. *Nature*, 423, 534-537.
バリー・シュワルツ (2004)『なぜ選ぶたびに後悔するのか――「選択の自由」の落とし穴』, 瑞穂のりこ訳, ランダムハウス講談社
高松晃子 (2002)「子守歌の現在」, 福井大学教育地域科学部紀要 VI (芸術体育学音楽編), 35, 1-19.
(http://www.flib.fukui-u.ac.jp/kiyo/2002/takamatsu.pdf)
Watanabe, K. (2008) Behavioral speed contagion: Automatic modulation of movement timing by observation of body movements. *Cognition*, 106-3, 1514-1524.
Watanabe, K., Sayres R., Shimojo S., Imada T., Nihei K. (2004) Effect of sodium valproate on neuromagnetic responses to chromatic flicker: Implication to photosensitivity. *Neurol. Clinic. Neurophysiol.*, 61, 1-7.
Yulmetyev, R. M., Yulmetyeva D. G., Shimojo S., Khusaenova E. V., Bhattacharya J. (2007) Strong memory in time series of human magnetoencephalograms can identify photosensitive epilepsy. *J. Exp. Theoret. Physics*, 104, 644-650,.

<第3章　消費者は自由か>

「朝日新聞」, 2008年2月24日, 朝刊記事「番組内へ忍び込むCM」
Bray, S., Rangel A., Shimojo S., Balleine, B., O'Doherty, J. P. (2008) The neural mechanisms underlying the influence of Pavlovian cues on human decision-making. *J. Neurosci.*, 28 (22): 5861-5866; doi: 10. 1523/JNEUROSCI. 0897-08.
Choi, I., Nisbett R. E., Norenzayan A. (1999) Causal attribution across cultures: variation and universality. *Psychol. Bulletin*, 125-1, 47-63.
Conejo, F., Khoo C., Tanakinjal G. H., Yang, L. (2007) Neuromarketing: Will It Revolutionise Business? *Int. J. Bus. Manage.*, 2-6, 72-76.
Dehaene, S., Changeux J-P., Naccache L., Sackur J., Sergent C. (2006) Conscious, preconscious, andsubliminal processing: a testable taxon omy. *Trends Cog. Sci.*, 10-5, 204-211.
Frank, T., Weiland M. (1997) Commodify Your Dessent: The Business of Culture in the New Guilded Age. W. W. Norton & Company, New York/London.

York Acad. Sci., 43-61.
川人光男（1996）『脳の計算理論』，産業図書
Koelsch, S., Fritz, T., v. Cramon, D. Y., Müller, K., Friederici, A. D. (2005) Investigating emotion with music: An fMRI study. *Human Brain Imag.*, 27-3, 239-250.
Lewis, M., Mishkin, M., Bragin, E., Brown, R. M., Pert, C. B., & Pert, A. (1981) Opiate receptor gradients in monkey cerebral cortex: correspondence with sensory processing hierarchies. *Science*, 211 (13, March), 1166-1169.
Lewis, M. E., Pert, A., Pert, C. B., & Herkenham, M. (1983) Opiate Receptor Localization in Rat Cerebral-Cortex. *J. Comp. Neurol.*, 216 (3), 339-358.
Mithen, S. J. (2006) The Singing Neanderthals: The Origins of Music, Language, Mind and Body. Harvard Univ. Press, Cambridge; MA.
Nadel, J., Camaioni L. (eds.) (1993) New Perspectives in Early Communicative Development. Routledge, London/New York.
Steklis H. D., Harnad S. (1976) From hand to mouth: Some critical stages in the evolution of language. *Annals New York Acad. Sci.*, 280: 445-455 [also in Origins and Evolution of Language and Speech. Harnad, S., Steklis, H. D. & Lancaster, J. B. (eds.); http://www.cogsci.soton.ac.uk/~harnad/Papers/Harnad/harnad76.hand.html]
Vessel, E. A. (2004) Behavioral and neural investigations of perceptual affect. Ph. D. thesis, Faculty of the graduate school, Univ. Southern Calif. (Neurosci.)

<第2章　刺激の過剰>

Bargh, J. A., Chen M., Burrows L. (1996) Automaticity of social behavior: direct effects of trait construct and stereotype activation on action. *J. Personal. Soc. Psychol.*, 71-2, 230-244.
バイオ（ロジカル）モーション，デモサイト
http://www.biomotionlab.ca/walking.php
http://homepage3.nifty.com/maruhi/materials/biomotion
Drew, P., Sayres, R., Watanabe, K.., and Shimojo, S. (2001) Pupillary responses tochromatic flicker. *Exp. Brain. Res.*, 136, 256-262.

Fang, X., Singh, S., Ahluwalia, R. (2007) An examination of different explanations for the mere exposure effect. *J. Consumer Res.*, 4,97-103.

Kunst-Wilson, W. R., Zajonc R. B. (1980) Affective discrimination of stimuli that cannot be recognized. *Science*, 207, 557-558.

Camerer, C., Loewenstein, G., Prelec, D. (2005) Neuroeconomics: how neuroscience can inform economics. *J. Economic Lit.*, XLIII, 9-64.

Shimojo, S., Simion, C., Shimojo E. et al. (2003) Gaze bias both reflects and influences preference. *Nat. Neurosci.*, 6, 1317-1322.

Simion, C., Shimojo S. (2006) Early interactions between orienting, visual sampling and decision making in facial preference. *Vision Res.*, 46, 3331-3335.

Simion, C., Shimojo, S. (2007) Interrupting the cascade-orienting contributes to decision making even in the absence of visual stimulation. *Percept. Psychophysics*, 69(4), 591-595.

Turner, A. H., Makovicky, P. J., Norell, M. A. (2007) Feather quill knobs in the Dinosauer Velociraptor. *Science*, 317, 1721.

Wilson, F. R. (1998) The Hand. Pantheon Books/Random House, New York.

Zajonc, R. B., Heingartner A., Herman E. M. (1969) Social enhancement and impairment of performance in the cockroach. *J. Personal. Soc. Psychol.*, 13-2, 83-92.

<第1章　「快」はどこから来るのか>

東浩紀(2001)『動物化するポストモダン――オタクから見た日本社会』，講談社現代新書

リチャード・バーン，アンドリュー・ホワイトゥン編(1988/2004)『マキャベリ的知性と心の理論の進化論――ヒトはなぜ賢くなったか』，藤田和生，山下博志，友永雅己監訳，ナカニシヤ出版

Campos, M., Koppitch K., Andersen R. A., Shimojo, S. (2008) Overlapping representation of juice and video rewards in primate OFC [Abstract]. *J. Vision*, 8(6): 546, 546a, http://journalofvision.org/8/6/546/, doi:10.1167/8.6.546.

Huron, D. (2001) Is music an evolutionary adaptation? In R. J. Zatorre, I. Peretz (eds), *The Biological Foundations of Music, Annals New*

【引用・参考文献】

一般向けという本書の性質上，引用文献は重要なものだけにとどめた。ただし関連度が高く入手しやすい書籍があるときは，なるべく付け加えた。

<全体の参考文献>

甘利俊一，外山敬介編（2000）『脳科学大事典』，朝倉書店

アントニオ・R．ダマシオ（2003/2005）『感じる脳――情動と感情の脳科学 よみがえるスピノザ』，田中三彦訳，ダイヤモンド社

アントニオ・R．ダマシオ（1999/2003）『無意識の脳 自己意識の脳――身体と情動と感情の神秘』，田中三彦訳，講談社

科学技術振興機構ERATO下條潜在脳機能プロジェクトホームページ http://impbrain.shimojo.jst.go.jp/jpn/index_jpn.html

ジョセフ・ルドゥー（1996/2003）『エモーショナル・ブレイン――情動の脳科学』，松本元，川村光毅ほか訳，東京大学出版会

下條信輔（1988/2006新装版）『まなざしの誕生――赤ちゃん学革命』，新曜社

下條信輔（1995）『視覚の冒険――イリュージョンから認知科学へ』，産業図書

下條信輔（1996）『サブリミナル・マインド――潜在的人間観のゆくえ』，中公新書

下條信輔（1999）『<意識>とは何だろうか――脳の来歴 知覚の錯誤』，講談社現代新書

<序章　心が先か身体が先か>

Bornstein, R. F.（1989）Exposure and affect: Overview and meta-analysis of research, 1968-1987. *Psychol. Bullet.*, 106, 265-289.

Dial, K. P.（2003）Wing-Assisted Incline Running and the Evolution of Flight. *Science*, 299. 402-404.

Emery, N. J.（2000）The eyes have it: The neuroethology, function and evolution of social gaze. *Neurosci. Biobehav. Rev.*, 24, 581-604.

【ま行】

【や行】

【ら行】

【た行】

【な行】

【は行】

【さ行】

【事項索引】

【あ行】

【か行】

ちくま新書
757

サブリミナル・インパクト
——情動《じょうどう》と潜在認知《せんざいにんち》の現代《げんだい》

二〇〇八年一二月一〇日　第一刷発行
二〇二〇年　九　月一〇日　第七刷発行

著　　者　下條信輔（しもじょう・しんすけ）
発 行 者　喜入冬子
発 行 所　株式会社 筑摩書房
東京都台東区蔵前二-五-三　郵便番号一一一-八七五五
電話番号〇三-五六八七-二六〇一（代表）
装 幀 者　間村俊一
印刷・製本　三松堂印刷 株式会社

ISBN978-4-480-06460-8 C0211

555 誇大自己症候群 岡田尊司
「普通の子」がなぜ凶悪な犯罪者になったのか？　子どもたち、そして現代社会に蔓延する「肥大した自己」という病理を徹底解剖、その超克を見据えた画期的論考。

582 ウェブ進化論 ――本当の大変化はこれから始まる 梅田望夫
グーグルが象徴する技術革新とブログ人口の急増により、知の再編と経済の劇的な転換が始まった。知らないではすまされない、コストゼロが生む脅威の世界の全体像。

588 テレビの罠 ――コイズミ現象を読みとく 香山リカ
巨大自民党は、「小泉劇場」に翻弄されたテレビと窮乏化する大衆によって作られた。二極化社会と連動する視聴率政治が生み出す「幻影の時代」の「空気」を読みとく。

605 心脳コントロール社会 小森陽一
人を巧みに誘導するマインド・マネジメント。この手法は広告だけでなく、政治の世界でも使われるようになった。その仕組みを解明し、騙されないための手立てを提示。

628 ダメな議論 ――論理思考で見抜く 飯田泰之
国民的「常識」の中にも、根拠のない〝ダメ議論〟が紛れ込んでいる。そうした、人をその気にさせる怪しい議論をどう見抜くか。その方法を分かりやすく伝授する。

629 プロフェッショナル原論 波頭亮
複雑化するビジネス分野でプロフェッショナルの重要性は増す一方だが、倫理観を欠いた者も現れてきている。今こそその〝あるべき姿〟のとらえなおしが必要だ！

643 職場はなぜ壊れるのか ――産業医が見た人間関係の病理 荒井千暁
いま職場では、心の病に悩む人が増えている。重いノルマ、理不尽な評価などにより、うつになり、仕事は混乱する。原因を探り、職場を立て直すための処方を考える。

ちくま新書

656
フューチャリスト宣言
梅田望夫
茂木健一郎
インターネットは人類が言語を獲得して以来最大の地殻変動だ！　そして「持たざる者」にとって強力な武器となる！　未来志向の二人が、無限の可能性を語り倒す。

676
お節介なアメリカ
ノーム・チョムスキー
大塚まい訳
真の平和の実現という美名のもと世界各地への介入を強めるアメリカ。その背後にある矛盾と欺瞞を舌鋒鋭く告発する。世界と日本の未来を語るうえで不可欠の一冊。

659
現代の貧困
――ワーキングプア／ホームレス／生活保護
岩田正美
貧困は人々の性格も、家族も、希望も、やすやすと打ち砕く。この国で今、そうした貧困に苦しむのは「不利な人々」ばかりだ。なぜ？　処方箋は？　をトータルに描く。

673
ルポ　最底辺
――不安定就労と野宿
生田武志
野宿者はなぜ増えるのか？　フリーターが「若者」ではなくなった時どうなるのか？　野宿と若者の問題を同じ位相で捉え、社会の暗部で人々が直面する現実を報告する。

688
頭脳勝負
――将棋の世界
渡辺明
頭脳はもちろん、決断力、構想力、研究者としての力量。将棋では人間の総合力が試される。だからその戦いは観ているだけで面白い。将棋の楽しみ方がわかる本。

708
3年で辞めた若者はどこへ行ったのか
――アウトサイダーの時代
城繁幸
『若者はなぜ3年で辞めるのか？』で昭和的価値観に苦しむ若者を描いた著者が、辞めたアウトサイダー達の「平成的な生き方」を追跡する。時代はこんなに変わっている！

710
友だち地獄
――「空気を読む」世代のサバイバル
土井隆義
周囲から浮かないよう気を遣い、その場の空気を読もうとするケータイ世代。いじめ、ひきこもり、リストカットなどから、若い人たちのキツさと希望のありかを描く。

ちくま新書

722 変貌する民主主義　森政稔
民主主義の理想が陳腐なお題目へと堕したのはなぜか。その背景にある現代の思想的変動を解明し、複雑な共存のルールへと変貌する民主主義のリアルな動態を示す。

741 自民党政治の終わり　野中尚人
戦後日本の長きにわたって政権党であり続けた自民党。しかしこの巨大政党は今、機能不全を起こしている。その来歴と行く末を、歴史の視点などを交え鋭く迫る。

746 安全。でも、安心できない…――信頼をめぐる心理学　中谷内一也
凶悪犯罪、自然災害、食品偽装……。現代社会に潜むリスクを「適切に怖がる」にはどうすべきか？ 理性と感情のメカニズムをふまえて信頼のマネジメントを提示する。

747 サブカル・ニッポンの新自由主義――既得権批判が若者を追い込む　鈴木謙介
ロスジェネを苦境に陥れた元凶たる新自由主義を支持するロスジェネ。そんなねじれがこの社会には生じている。そこに突破口はないのか、気鋭の社会学者が探る。

748 労働再規制――反転の構図を読みとく　五十嵐仁
緩和から再規制へ。労働を巡る政治状況は逆流をはじめた。格差と貧困の増大のため…だけでない。そこにはある勢力の逆襲があったのだ。その転機になったのは――。

749 高校生のための精神分析入門　清田友則
思春期には、なぜ特有の「生きづらさ」がつきまとうのだろうか？ 苦悩と性の問題は、どのように解釈されるのか。精神分析の捉え方を、フロイトに戻って解説する。

751 サバイバル！――人はズルなしで生きられるのか　服部文祥
岩魚を釣り、焚き火で調理し、月の下で眠る…。「素のままで山を登る」クライマーは極限で何を思うのか？生きることを命がけで考えたスポーツ・ノンフィクション。

ちくま新書

363 からだを読む
養老孟司
自分のものなのに、人はからだのことを知らない。たまにはからだのことを考えてもいいのではないか。口から始まって肛門まで、知られざる人体内部の詳細を見る。

569 無思想の発見
養老孟司
日本人はなぜ無思想なのか。それはつまり、「ゼロ」のようなものではないか。「無思想の思想」を手がかりに、日本が抱える諸問題を論じ、閉塞した現代に風穴を開ける。

445 禅的生活
玄侑宗久
禅とは自由な精神だ！ 禅語の数々を紹介しながら、言葉では届かない禅的思考の境地へ誘う。窮屈な日常に変化をもたらし、のびやかな自分に出会う禅入門の一冊。

434 意識とはなにか
——〈私〉を生成する脳
茂木健一郎
物質である脳が意識を生みだすのはなぜか？ すべてを感じる存在としての〈私〉とは何ものか？ 人類に残された究極の問いに、既存の科学を超えて新境地を展開！

557 「脳」整理法
茂木健一郎
脳の特質は、不確実性に満ちた世界との交渉のなかで得た体験を整理し、新しい知恵を生む働きにある。この科学的知見をベースに上手に生きるための処方箋を示す。

707 思考の補助線
茂木健一郎
自然科学の知見と私たちの切実な人生観・価値観との間に補助線を引くと、世界の見え方はどう変わるだろうか。この世の不思議をより深く問い続けるためのヒント。

431 やめたくてもやめられない脳
——依存症の行動と心理
廣中直行
薬、酒、賭け事……ヒトはなぜハマるのか。脳のどこかにモノや行動に溺れさせる秘密が隠されているのか。依存のメカニズムを探り肉体と精神の不思議を解き明かす。